アイデアいっぱい！ハッピークラフト

岩藤しおい
大井康子

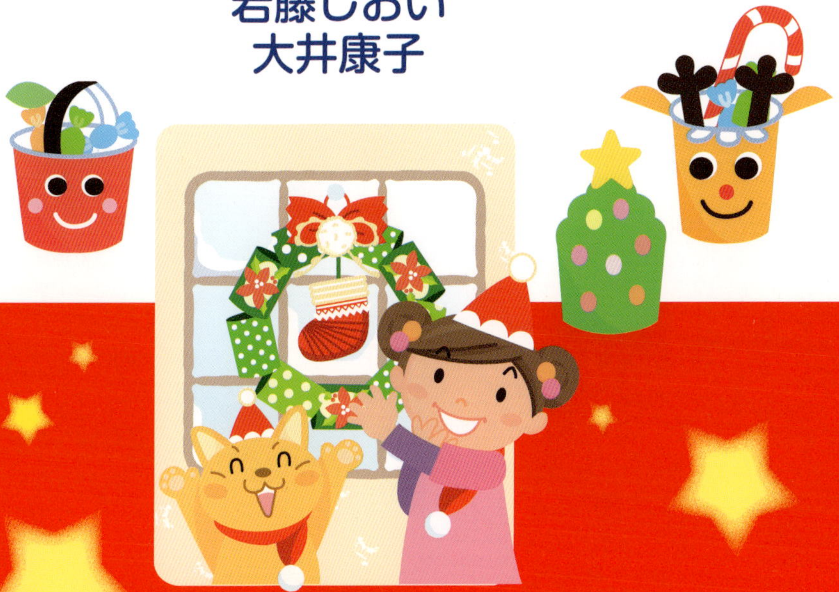

いかだ社

目次

素朴であたたかなクリスマスを過ごしたい方に　3

つくり方

紙と紙皿でつくる★クリスマスカード ……………… 4 ……… 6
　サンタカード・リスカード・天使カード

紙コップと紙皿でつくる★パーティクラフト1 ……… 8 ……… 10
　くるくるエンジェル・くるくるサンタ・お菓子のデコレーションプレート
　ペットボトルのごくごくサンタ

紙コップとポリ袋でつくる★パーティクラフト2 …… 12 ……… 14
　紙コップのお菓子入れ・ポリ袋のプレゼント入れ

毛糸と布でつくる★あったかクリスマス1 …………… 16 ……… 18
　ポンポンリース・ぐるぐるツリー・ポンポンスノーマン・布リース&ブーツ
　毛糸玉オーナメント・毛糸リース

フェルトでつくる★あったかクリスマス2 …………… 20 ……… 22
　フェルトオーナメント・指人形

木の実と小枝でつくる★カントリークリスマス1 …… 24 ……… 26
　つるリース・クリスマスハウス・まつぼっくりツリー・
　まつぼっくりサンタ・ポケットサンタ

木の実と小枝でつくる★カントリークリスマス2 …… 28 ……… 30
　どんぐりオーナメント・どんぐりクリスマスケーキ・
　ピーナッツオーナメント・小枝の壁かけ

子どもがつくる★かわいいクリスマス1 ……………… 32 ……… 34
　くるりんリース・ぱたぱたサンタハット・ぱたぱたツリーハット・
　ぱくぱくツリー・ほわほわ雪ダルマちゃん

子どもがつくる★かわいいクリスマス2 ……………… 36 ……… 38
　プチプチ雪ダルマ・プチプチスター・プチプチすけすけツリー・
　紙コップツリー・キャップオーナメント・スポンジ雪ダルマ

紙コップでつくる★ゆかいなクリスマスパペット …… 40 ……… 42
　パクパクパペット・フェイスパペット・パクパク赤鼻のトナカイ

モールでつくる★ふんわりクリスマス ………………… 44 ……… 46
　星・雪・ステッキ・ろうそく・ミニリース・サンタクロース・ミニツリー

紙と紙皿でつくる★クリスマスデコレーション ……… 48 ……… 50
　ステンドグラス・切り紙壁飾り・切り紙飾り

あかりをつくる★クリスマスナイト …………………… 52 ……… 54
　レインボーライト・エンジェルライト・ちっちゃな光のたからもの

クリスマスを飾るアイデア ……………………………… 56

型紙　58

【作品づくりの前に用意しておくと便利な道具】
- 筆記用具……鉛筆・消しゴム・油性マーカー・不透明油性ペン（ペイントマーカー、水性ポスカ）・色鉛筆・絵の具と筆・クレヨン
- 接着道具……セロハンテープ・両面テープ・木工用ボンド
- 切る時につかう道具……ハサミ・カッター
- その他……ホチキス・穴あけパンチ・千枚通し・キリ・定規

☆各ページの"用意するもの"には、その作品をつくるために必要なものを表示してあります。

素朴であたたかな
クリスマスを過ごしたい方に

　クリスマスが近づくと、ツリーやオーナメント、リース……とわくわくしながら部屋を飾りますね。
　去年と同じ飾りもいいですが、いつもと違う演出をしてみたい……とお考えになっていらっしゃったら、この本でかわいいクリスマス飾りを子どもたちと一緒に手づくりしてみませんか？

クリスマスのちょこっと話
クリスマス飾り

クリスマスの始まりは？

　12月25日にクリスマスを祝うようになったのは、4世紀頃のローマがきっかけといわれています。太陽神の冬至祭とキリストの生誕祭が結びついたのです。
　現在のようにクリスマスツリーを飾り、サンタクロースが子どもにプレゼントを渡す、というクリスマスのスタイルができたのは19世紀の終わり頃です。同じ頃、市販のクリスマスカードもたくさん印刷されて、カードを贈る習慣も広まりました。

ツリーを飾るのはどうして？

　クリスマスツリーやリースに使うといえば、モミやヒイラギなどの常緑樹。もともと古代ローマやケルト、ゲルマンの地域では、冬至の時期に魔よけとして飾る習慣がありました。特にモミの木は、ドイツでは生命力や希望の象徴とされ、現在のようなツリーの飾りつけは15世紀頃から始まったといわれています。

クリスマスツリーの飾りの意味

　クリスマスツリーのてっぺんに輝く星は、キリストの誕生時に出現した星、三賢者を導いた星を表します。赤いリンゴは、愛と豊穣のしるし。ベルは、災いを追い払う役。お菓子は神様からの恵み。靴下は、サンタクロースのモデルである聖ニコラウスが貧しい家の娘の靴の中に金貨を投げ込んだ伝説が元になっています。

紙と紙皿でつくる
クリスマスカード

簡単な仕掛けで、ほのぼのとしたカードができます。
手紙を持ったサンタさん、リスさんが届けてくれます。

サンタカード

お手紙
ですよ〜

リスカード

お楽しみ会
ぜひ来てね

カードを開くと……

招待状で〜す

おたのしみかい プログラム
1 がっしょう
2 あわてんぼうの サンタクロース / りすぐみ
3 ジングルベル / うさぎぐみ
4 サンタが まちにやってくる / きりんぐみ
5 ダンス ＆ がっそう
6 さつえいかい

クリスマスパーティに ごしょうたい
12月24日 ごご3じ
リスやまむらに
あそびにきてください

天使カード

リボンをほどくと、羽が広がって、
天使が小さなクリスマスカードをプレゼント。
天使にひもをつけると、オーナメントにもなります。

 星カード

ミニカード　　リースカード

カードを持たせたら、天使の手は
両面テープでとめましょう。

カードを開くと……

紙と紙皿でつくる クリスマスカード つくり方

★サンタカード

用意するもの★色画用紙　紙　毛糸　ひも　フェルト
（型紙はp60）

① カードの形を切り抜く。
② 顔をかいて、サンタの帽子の材料を貼る。
③ プログラムの紙を両面テープで貼る。
④ カードを折り、手紙に見えるように、ひも・色画用紙を貼る。

★リスカード

用意するもの★色画用紙　ひも
（型紙はp60）

① 顔をかいて、形に切った色画用紙を貼る。文・絵をかく。
② カードを折り、ひも・色画用紙のどんぐりを貼る。
③ 折ったカードの後ろに色画用紙のしっぽを貼る。

天使カード

用意するもの★紙皿（工作見本は直径20.5cmの紙皿を使用）　色画用紙　紙リボン　ひも　（型紙はp60・61）

紙皿で天使をつくる

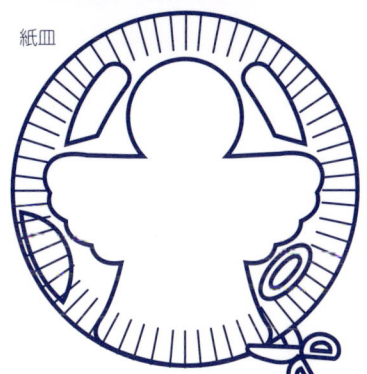

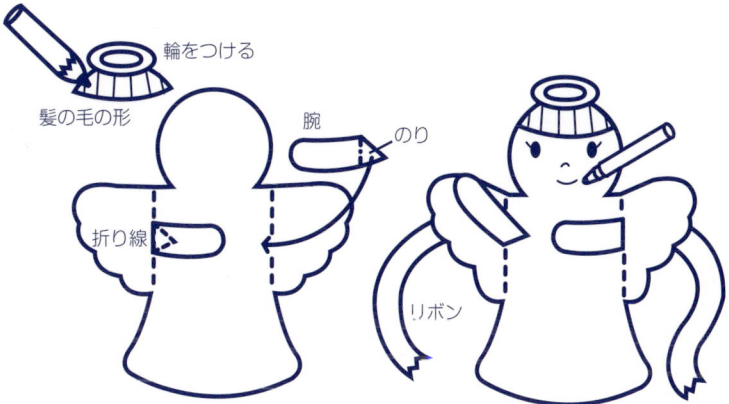

① 紙皿の大きさに合わせて、コピーした型紙をあてて、形を写して切り抜く。

② 輪・髪の毛の形に色を塗って貼る。腕を折り線にそって貼る。

③ 顔をかく。リボンを裏でとめる。

天使が持つクリスマスカードをつくる

ミニカード

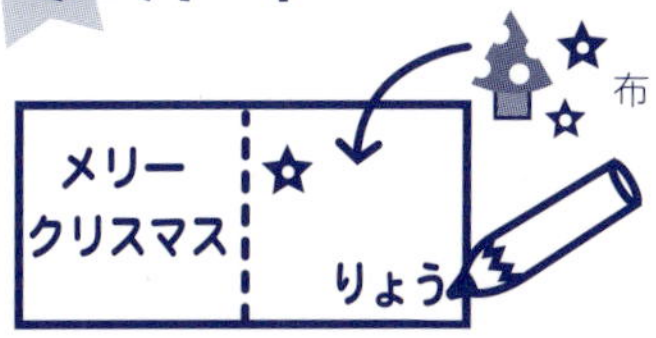

① メッセージをかく。布を切って、貼る。

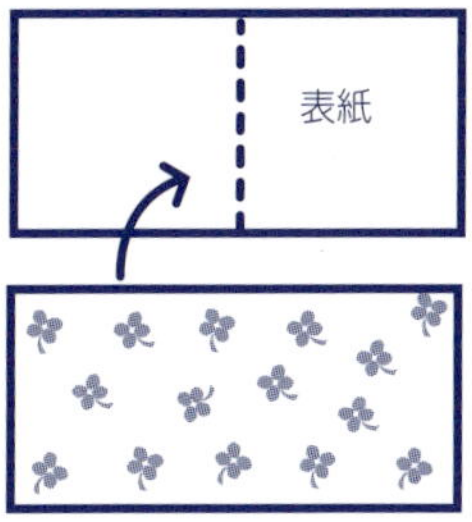

② カードの表紙に紙を貼る。

③ リボンを半分に折り、端を貼り合わせる。2本を交差させて、カードにつける。

リースカード

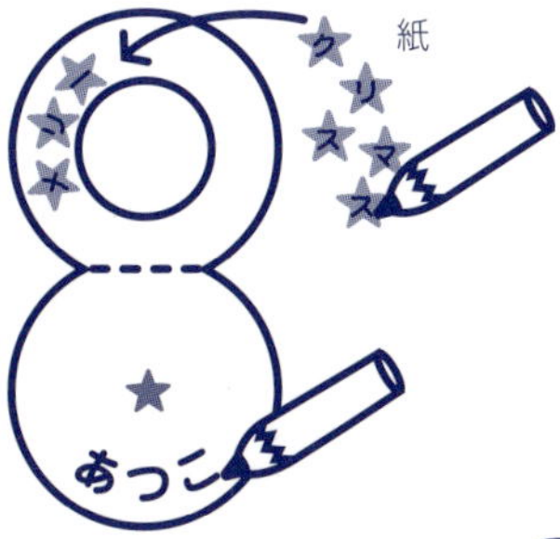

① メッセージをかいて、貼る。

② カードの表紙に紙を貼り、飾りに切った紙をつける。

星カード

① メッセージをかいて、穴を開ける。

② ひもを穴に通して結ぶ。

紙コップと紙皿でつくる
パーティクラフト1

パーティを盛り上げる♪

くるくるエンジェル

くるくるサンタ

お菓子のデコレーションプレート

かわいらしく盛りつけましょう

サンタの帽子はお菓子入れに！

サンタの体はドリンクカップに！

ペットボトルの ごくごくサンタ

ドリンクの色がサンタの顔の色になるよ！

飲んでいくと透明サンタに変身！?

つくって楽しい♪ 使って楽しい♪

クリスマスパーティの
テーブルをかわいらしく
飾りましょう!!

紙コップと紙皿でつくる パーティクラフト1 つくり方

くるくるサンタ

用意するもの★紙コップ（赤3個、クリーム色1個）シール

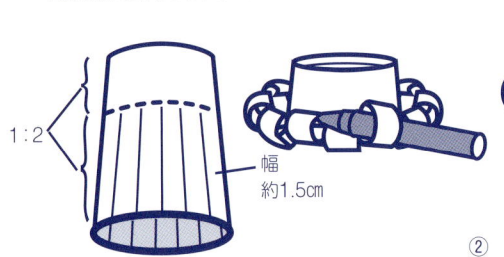

① 1つめの紙コップ（赤）のフチから切り込みを入れ、鉛筆などで巻き上げる。

② 紙コップ（クリーム色）に①をかぶせ、顔をシールや油性ペンでかく。

③ 2つめの紙コップ（赤）の左右に2本ずつ切り込みを入れて巻き上げる。3つめの紙コップ（赤）にかぶせる。

④ 頭と体を重ねる。飾りのシールを貼る。

くるくるエンジェル

用意するもの★紙コップ（白3個）シール

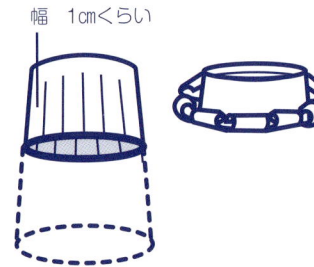

① 1つめの紙コップを深さ半分に切り、底まで切り込みを入れて巻き上げる。

② 2つめの紙コップを図のように切り、点線を折り、羽を開く。

③ 3つめの紙コップに②①をかぶせて組み立て、顔などの部分をかく。シールを貼る。

お菓子のデコレーションプレート

用意するもの★紙皿（大１枚、小１枚）　紙コップ２個

コップのフチと底にボンドをたっぷり塗り、中心がずれないよう貼り合わせる。（ボンドが固まりかけた頃、接着させるとずれにくい）

コップにシールを貼ったり、カラフル模様のカップを使うと楽しいね～♪

ペットボトルのごくごくサンタ

用意するもの★ペットボトル500ml（ドリンク入り）　紙コップ（赤）　色画用紙（赤）　シール

ドリンクの色がサンタの顔の色になります。

 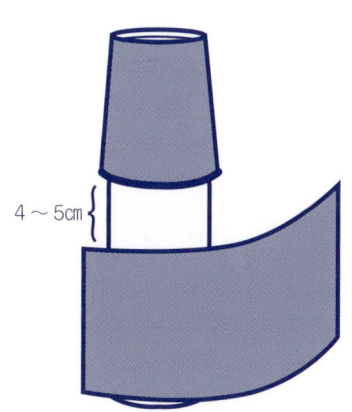 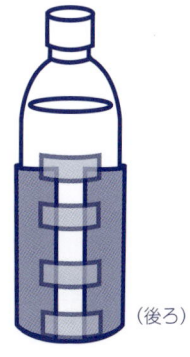

① ペットボトルのラベルをはがし、紙コップをかぶせる。

② 顔の出方を考え、色画用紙（赤）の幅と長さを決める。後ろは１cmくらい空くようにする。

③ ②をきっちり巻き、セロハンテープでしっかり貼る。

④ シールやペイントマーカーで、顔やボタンなどの部分をかく。

ペットボトルにしっかり貼りつけられ、ドリンクの残量も見えて便利。

紙コップとポリ袋でつくる
パーティクラフト2

紙コップのお菓子入れ
小さなお菓子を入れましょう♪

ツリー 　　ウサギ 　　クマ 　　サンタ

つくりたい物の色のコップを探したり、コップの色からつくるものを考えたり！

アイデアわくわく、楽しいな〜♪

トナカイ 　　青リンゴ 　　赤リンゴ 　　雪ダルマ

ポリ袋のプレゼント入れ

壁面やテーブルなどに飾っておいて、おみやげに持って帰るといいですね♪

すけすけプレゼントツリー

ひみつのプレゼントツリー

なが〜いプレゼントコーン

紙コップとポリ袋でつくる パーティクラフト2

つくり方

★紙コップのお菓子入れ

用意するもの★紙コップ　色画用紙　シール

スーパーや100円ショップなどにはさまざまな紙コップが並んでいます。
つくりたいもののイメージに合う色や柄を探したり、
反対に、紙コップからイメージがふくらみ、つくるものが決まったり……
まずは紙コップ売り場でワクワクしてみましょう♪

基本のつくり方

① 紙コップのフチの固い輪を切り取る。

② 鉛筆で薄く下絵をかく。

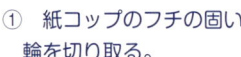
紙コップの継ぎ目が正面にならないように。

③ アウトラインに沿って必要ない部分を切り取る。

④ 切った色紙やシールを貼ったり、油性ペンでかいて仕上げる。

形のバリエーション

ツリー　　ウサギ　　クマ　　サンタ　　リンゴ　　雪ダルマ

トナカイ

14

ポリ袋のプレゼント入れ

ポリ袋は、柔らかいビニールやポリエチレン製のものではなく、パリパリと張りがあるポリプロピレン製のものをお勧めします。
プレゼントの大きさや形に合わせて選びましょう。

すけすけプレゼントツリー　用意するもの★ポリ袋　セロハン　色画用紙　銀紙　モール

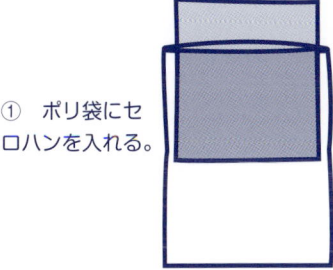

① ポリ袋にセロハンを入れる。

② セロハンの手前にプレゼントを入れる。

③ モールでねじりとめて、星の形を両面テープなどで貼る。

ひみつのプレゼントツリー　用意するもの★ポリ袋　お花紙など薄い紙　シール　色画用紙　銀紙　モール

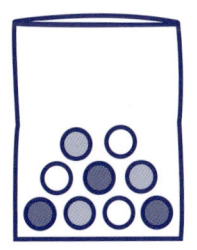
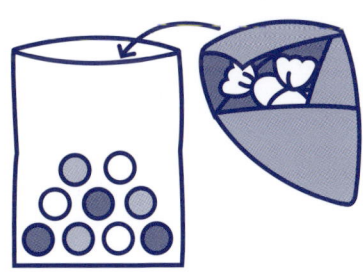

① ポリ袋にシールを貼って飾る。

② お花紙で包んだプレゼントを入れる。

③ モールでねじりとめて、星の形を両面テープで貼る。

なが〜いプレゼントコーン　用意するもの★ポリ袋　モール　リボン　クラフトテープ

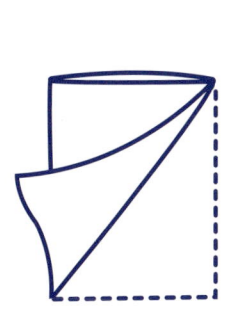

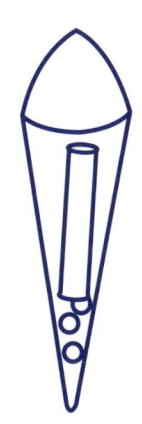

① ポリ袋をひねってコーン状にする。

② 形が決まったら、くずれないようセロハンテープでとめる。

③ 長いもの、小さいものからプレゼントを詰めていく。

④ モールでねじりとめて、リボンを結ぶ。
　　表面にシールやクラフトテープを貼ってもよい。

毛糸と布でつくる
あったかクリスマス1

★ポンポンリース

ポカポカ するね♪

ぐるぐるツリー

ポンポンスノーマン

布リース&ブーツ

布の輪をつくって、リースにしました。
ブーツがアクセント。

毛糸玉オーナメント

余り毛糸をぐるぐる巻いた毛糸玉。
赤い毛糸と布をプラスすると、
オーナメントに変身。

毛糸リース

切り込みに毛糸を
ひっかけて、
くぐらせていきます。

毛糸と布でつくる
あったかクリスマス１　つくり方

毛糸のポンポンのつくり方

用意するもの★厚紙　毛糸

① 厚紙を半分に折り、コの字型の型紙をつくる。

> A……つくりたいポンポンの直径より１cmくらい長くする。

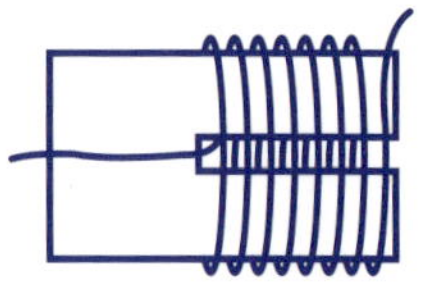

② 毛糸をぐるぐる巻く。

③ 巻き終わりの毛先をコの字のすき間に通して２〜３回巻き、巻き始めの毛先としっかり結ぶ。結んだ毛先は長いまま切らないでおく。

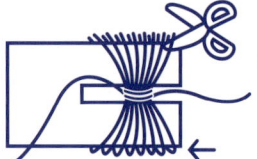

④ 毛糸と型紙のすき間にはさみを入れ、輪の両端を切る。

⑤ ほぐしながら形を整え、毛先を切りそろえてきれいな玉にする。

⑥ 長いままの毛糸は吊り下げ用に使う。必要がない場合は切る。

ポンポンリース

用意するもの★ダンボール　毛糸のポンポン　フェルト・ビーズなどの飾りもの　リボン　ひも

① ダンボールでリースのベースをつくり、ひもをつける。
② ポンポンをボンドで貼る。
③ ビーズなどをボンドでつけて飾る。
④ リボンをつける。

ポンポンスノーマン

用意するもの★毛糸のポンポン（大１個・小１個）フェルト

① フェルトで円すいの帽子をつくる。
② 大小のポンポン、帽子をボンドでつける。

ぐるぐるツリー

用意するもの★ダンボール　毛糸　モールなどの飾りもの

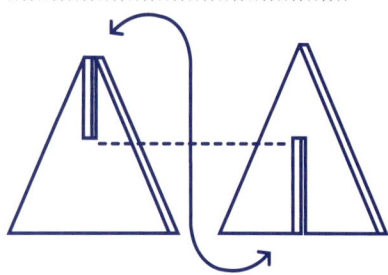
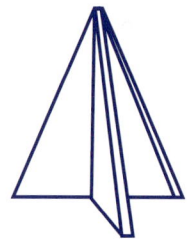

黄色のポンポン

ボンド

① ダンボールの目が縦になるように同じ二等辺三角形を２つつくり、図のように切り込みを入れる。

② 切り込み部分にボンドを塗って組み合わせる。

③ 斜面４本にボンドをつけて、毛糸を巻く。

> ボンドが固まりかけた頃がやりやすい。

④ 飾りをボンドでつける。

★布リース&ブーツ

用意するもの★布 毛糸 モール 厚紙 レーステープ リボン ラップ芯

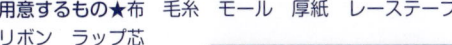

布の輪のつくり方

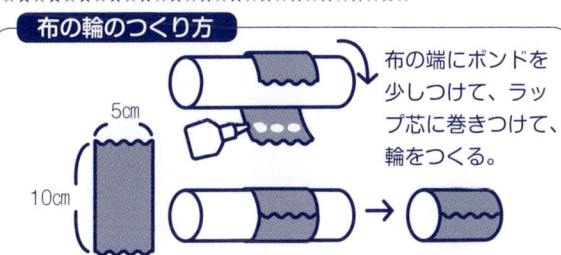

布の端にボンドを少しつけて、ラップ芯に巻きつけて、輪をつくる。

ブーツオーナメントのつくり方

ブーツの形の厚紙にリボンをつける。厚紙に両面テープを貼った上に毛糸を巻く。

① モールを3本つなげて、布の輪をくぐらせる。

② モールをねじってとめて、輪にする。ブーツオーナメントをひっかける。

③ ひっかけ用のモールを輪にする。毛糸・ポンポン・布などの飾りをつける。

★毛糸リース

用意するもの★毛糸 紙皿

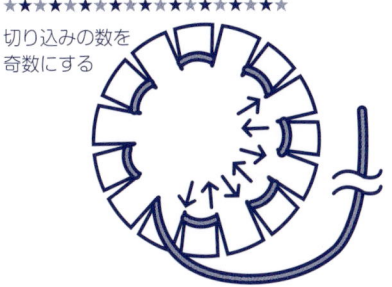

切り込みの数を奇数にする

① 紙皿の切り込みに毛糸をくぐらせていく。途中で色を変えたら、裏で結ぶ。

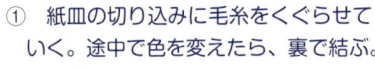

リボン結びした毛糸を差し込む

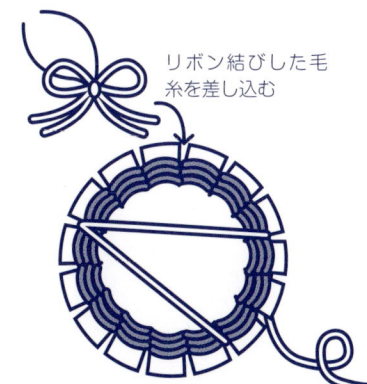

② 毛糸をくぐらせる途中で毛糸を横断させる工夫をするとおもしろい。

★毛糸玉オーナメント

用意するもの★毛糸玉 毛糸 布

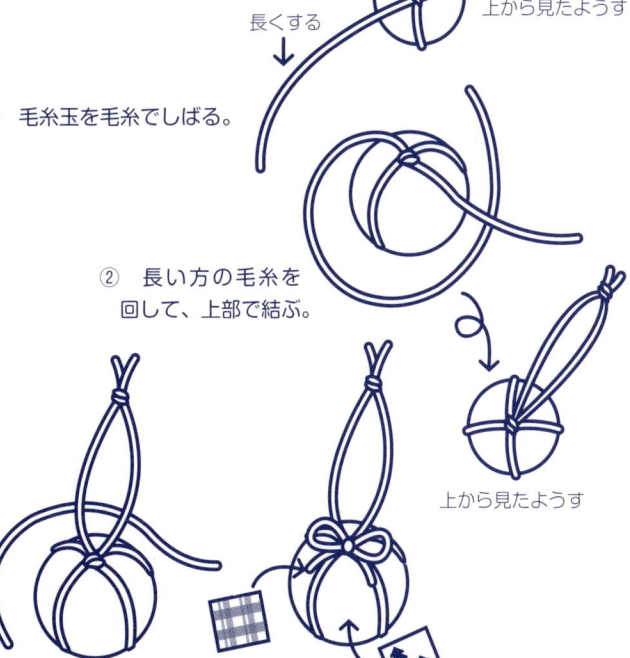

① 毛糸玉を毛糸でしばる。

② 長い方の毛糸を回して、上部で結ぶ。

③ もう1本の毛糸をかけて、リボン結びする。

④ お好みで布をボンドで貼る。

フェルトでつくる
あったかクリスマス2

フェルトオーナメント

くつした

中にプレゼントが入ります♪

ツリー

中にボトルなどを入れると、立てて飾れます！

星

 **指人形**

仲間をいっぱいつくって遊びましょう♪

サンタ帽子さん

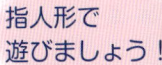
指人形で
遊びましょう！

ペットボトルに
かぶせて
飾りましょう♪

フェルトでつくる あったかクリスマス2

つくり方

フェルトオーナメント

用意するもの★フェルト　ビーズ　リボン　ひも

星

① フェルトを2枚重ねてベースの星形を切る。
② 2枚をボンドで貼り合わせる。
③ 飾りをボンドでつける。

ひもをはさんで、つける

たくさんつなげてもいいね♪

くつした

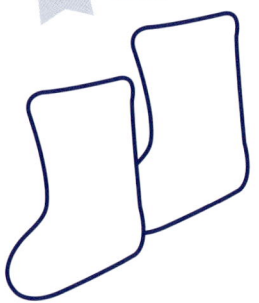

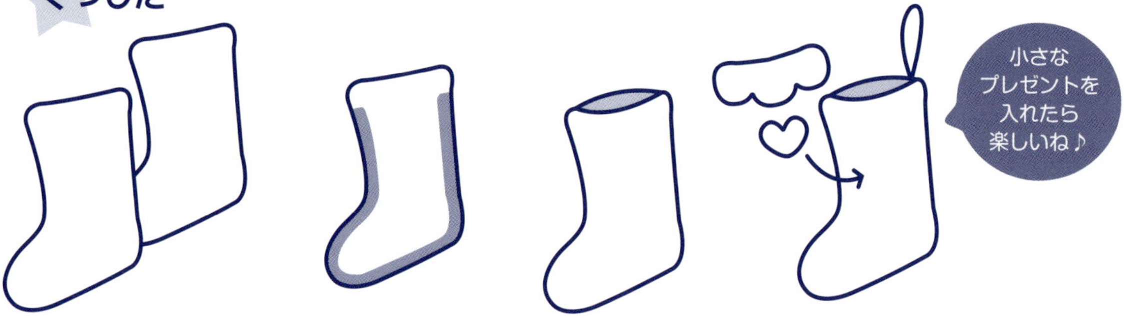

① 星形と同様に、くつした形を2枚つくる。
② くつ下のはき口以外のフチにボンドを細くつけて、2枚を貼り合わせる。
③ 飾りをボンドでつけて、ひもをつける。

小さなプレゼントを入れたら楽しいね♪

ツリー　大きめにつくってみましょう！

① ツリー形を2枚つくる。
② ツリーの底以外のフチにボンドを細くつけて、2枚を貼り合わせる。
③ 飾りをボンドでつけて、ひもをつける。

丸めた紙やペットボトルを中に入れて立てて飾ったらステキ♪

指人形

用意するもの★厚紙　フェルト

★ 雪ダルマ

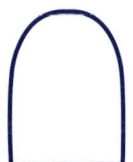

① 厚紙で基本の型紙をつくる。（ページ下参照）

② 基本の色のフェルト2枚と型紙を重ねて切る。

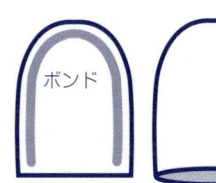

③ 1枚目のフェルトの底以外のフチに細くボンドをつけて、2枚を貼り合わせる。

④ 雪ダルマの帽子、頭、顔などをボンドで貼る。

★ サンタ帽子さん

① 型紙より大きくなるよう、帽子2枚をつくる。

② 1枚目の帽子に顔を貼りつけ、パーツを貼る。

③ 裏返して、帽子のフチの山部分に細くボンドをつけて、2枚目の帽子を貼り合わせる。

この部分にはボンドをつけない

大人の指でも入る大きさです。お子さんの指に合わせて調節してください。

基本の型紙（実物大）

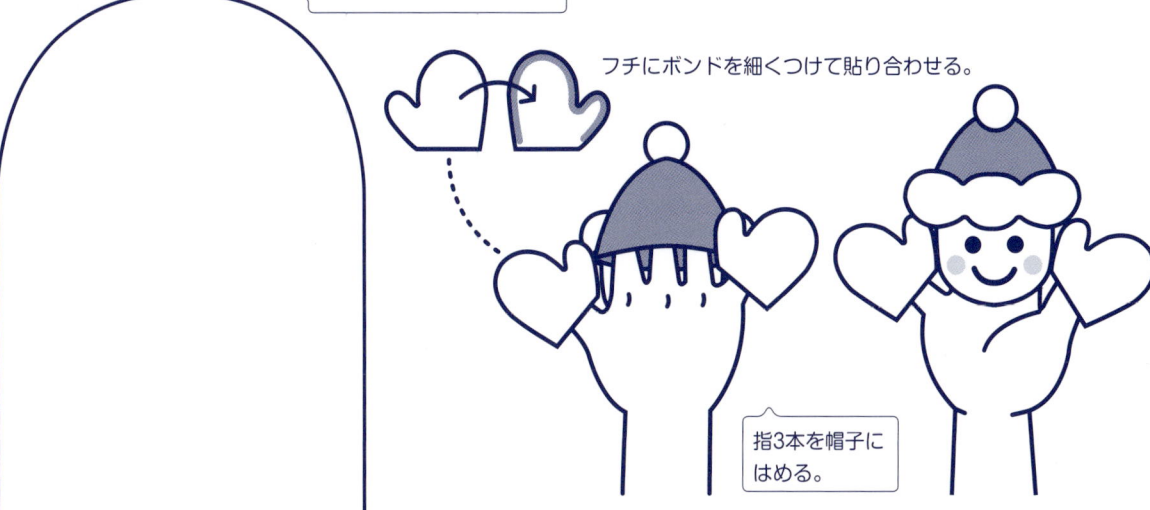

フチにボンドを細くつけて貼り合わせる。

指3本を帽子にはめる。

（後ろ）手の甲　　（前）手の平

木の実と小枝でつくる
カントリークリスマス1

秋に拾い集めた木の実。
自然の形を楽しみながらつくりましょう。

つるリース

スダジイ

木の実をモールで
ねじってとめます。

まつぼっくり

ツバキの殻

クリスマスハウス

ふわふわの綿菓子
みたいなおうち。
どんぐりさんが
遊びに来ましたよ。

まつぼっくりツリー

手のひらに乗るかわいい大きさ。

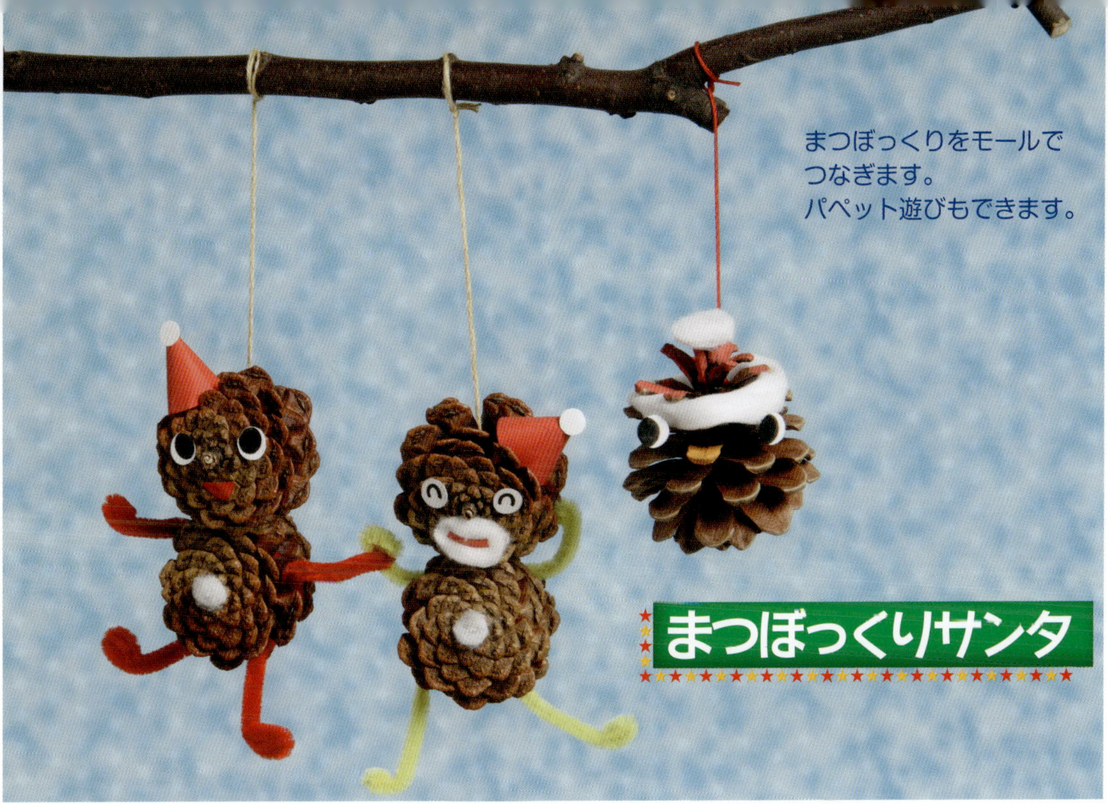

まつぼっくりをモールで
つなぎます。
パペット遊びもできます。

まつぼっくりサンタ

ポケットサンタ

子どもたちが拾ってきた落ち葉や木の実、
小枝をポケットに入れたり、サンタさんへの
お手紙を入れたりして飾りましょう。

自然からの
贈り物で
いっぱい！
サンタ
サンタさ

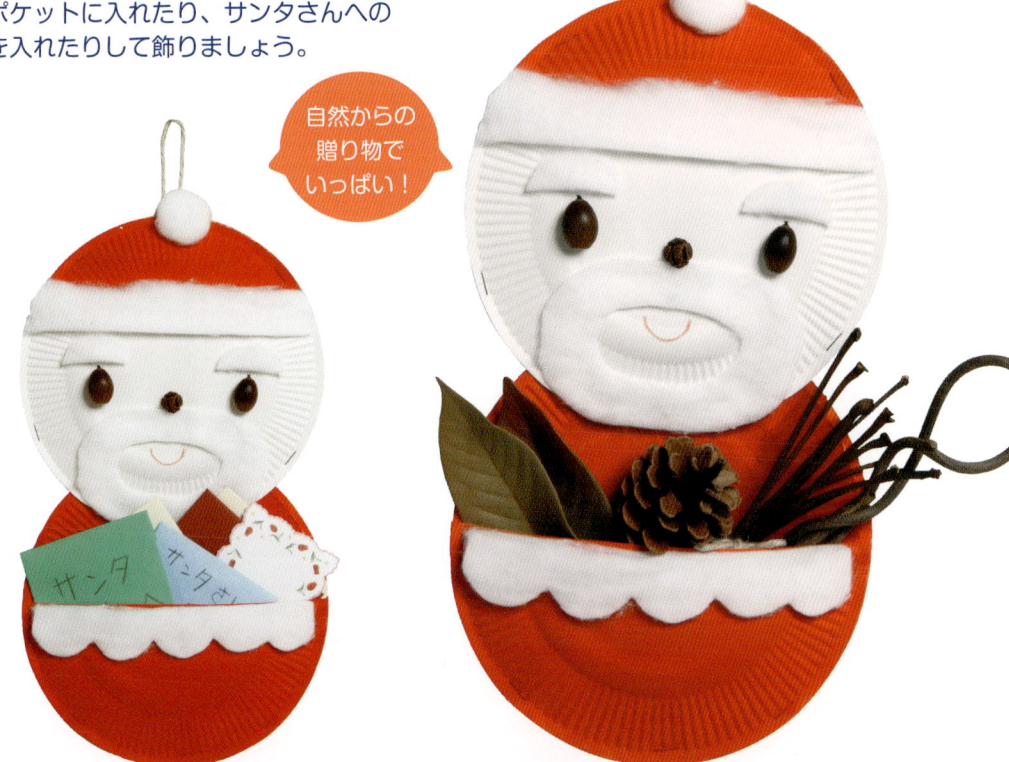

木の実と小枝でつくる
カントリークリスマス1 つくり方

★つるリース★

用意するもの★木の実　まつぼっくり　つる　フェルト　毛糸　ワイヤー　モール

① 樹木のつるはぬるま湯につけて、やわらかくする。草のつるは湯につけない。

② つるを輪にする。外から中へ、つるをくぐらせて巻く。ひっかけ用のワイヤーをつける。

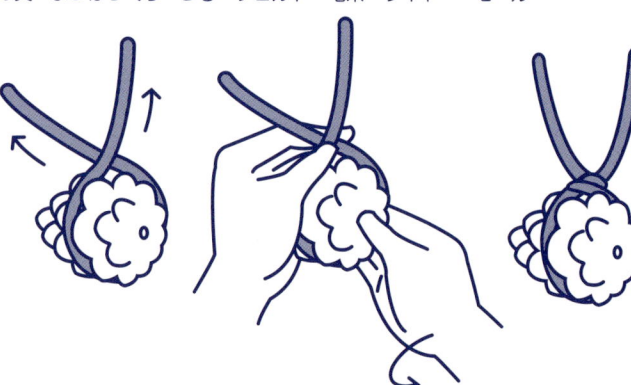

③ まつぼっくりにモールをねじってとめる。モールがゆるまなくなるまで、左手でモールを持って固定し、右手でまつぼっくりを回す。

④ ツバキの殻にモールをねじってとめる。

リースに使うつる植物
やわらかく曲がる枝や茎の植物を使います。
樹木●アケビ、フジ、キウイ、ヒュウガミズキ、ヤナギ、スイカズラ、ブドウ
草●クズ、アサガオ、イモづる

⑤ つるに飾りをモールでねじってとめる。

★クリスマスハウス★

用意するもの★木の実　どんぐり　落ち葉　紙皿　綿（シート状）　毛糸

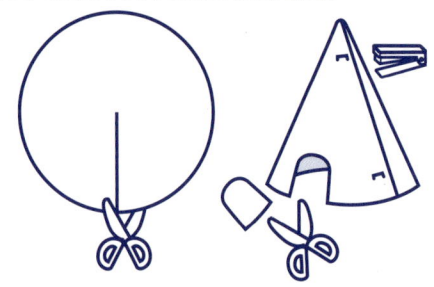

① 紙皿に切り込みを入れて、円すいの形にする。ホチキスでとめる。入り口の戸の形を切り取る。

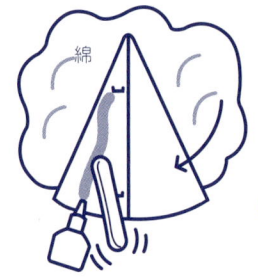

② 円すいにボンドをつけて、綿を貼る。

③ 木の実・どんぐり・落ち葉をつけ、毛糸を飾った紙皿に置く。

★ポケットサンタ

用意するもの★木の実 どんぐり 紙皿4枚 綿
【飾り】拾ってきた木の実・落ち葉・小枝など

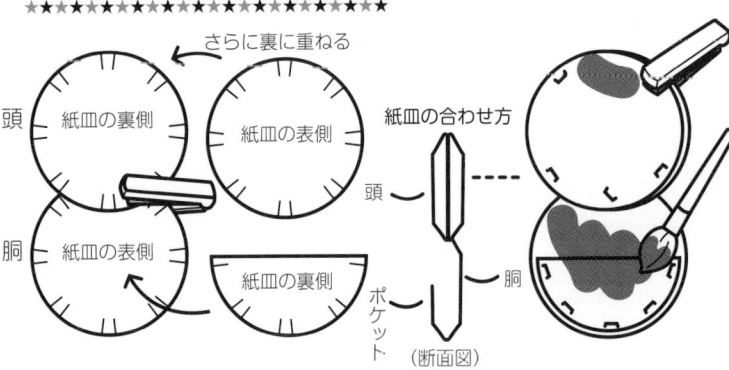

① 2枚の紙皿をホチキスでとめる。半分に切った紙皿をホチキスでとめてポケットにする。

② 4枚目の紙皿もホチキスでとめる。サンタの帽子と服を赤く絵の具で塗る。

③ どんぐり・木の実にボンドをつけて、顔をつくる。形に切った綿を貼る。

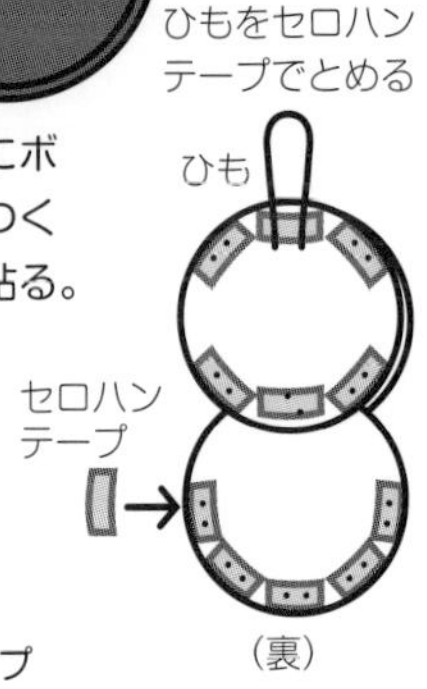

★まつぼっくりツリー

用意するもの★まつぼっくり 小枝 粘土 プリンカップ 毛糸 フェルト モール

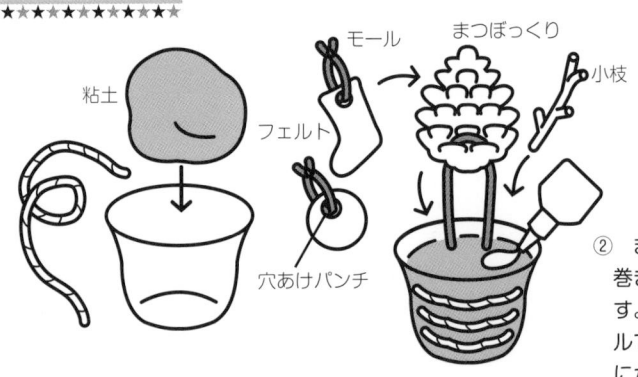

① プリンカップに粘土・毛糸をギューッと強く押し込む。

② まつぼっくりにモールを巻きつけて、粘土に突き刺す。飾りをフェルトとモールでつくり、まつぼっくりにかける。

★まつぼっくりサンタ

用意するもの★まつぼっくり 色画用紙 モール ひも 綿

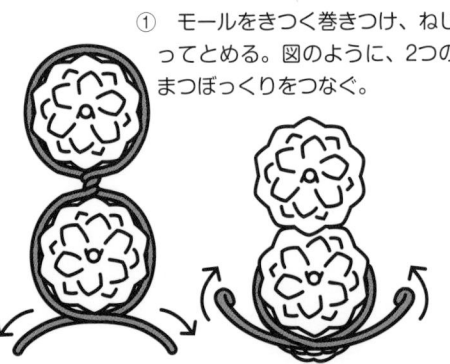
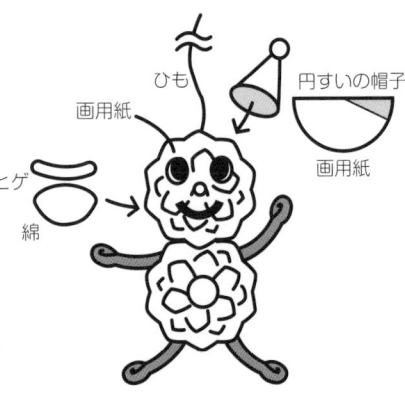
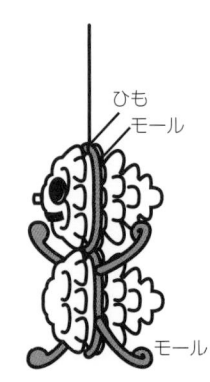

① モールをきつく巻きつけ、ねじってとめる。図のように、2つのまつぼっくりをつなぐ。

② 手足用のモールをまつぼっくりに巻きつけ、ねじってとめる。

③ 顔のパーツをつける。半円を円すいの帽子にして、つける。

木の実と小枝でつくる
カントリークリスマス2

どんぐりとピーナッツのかわいい形を
生かしたオーナメントづくり。

ピーナッツオーナメント

どんぐりオーナメント

枝の輪切りを
ミニケーキや
オーナメントに。

**どんぐり
クリスマスケーキ**

子どもたちに人気のどんぐりを
たくさん飾りましょう。

小枝の壁かけ

小枝をツリーの形に組んで、
ワイヤーで固定します。
できあがったオーナメントを
つけて飾りましょう。

木の実と小枝でつくる カントリークリスマス2 つくり方

どんぐりクリスマスケーキ

用意するもの★ 木の実　どんぐり　種　小枝　ダンボール　片面ダンボール　レースペーパー

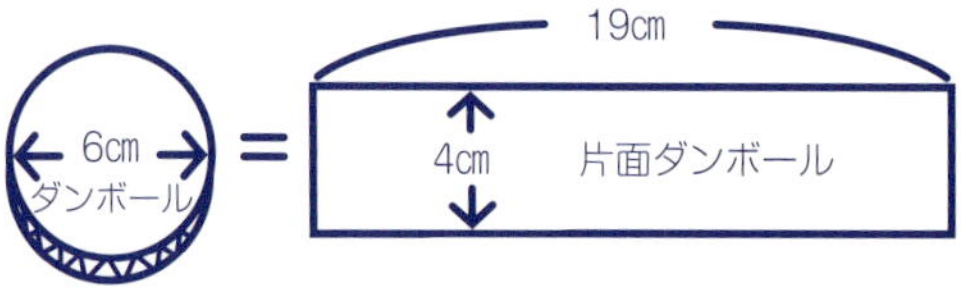

- 6cm ダンボール ＝ 19cm × 4cm 片面ダンボール
- 10cm ダンボール ＝ 32cm × 4cm 片面ダンボール
- 15cm ダンボール ＝ 47.5cm × 4cm 片面ダンボール

① ダンボールの円を切る。側面に使う片面ダンボールを寸法どおりに切る。

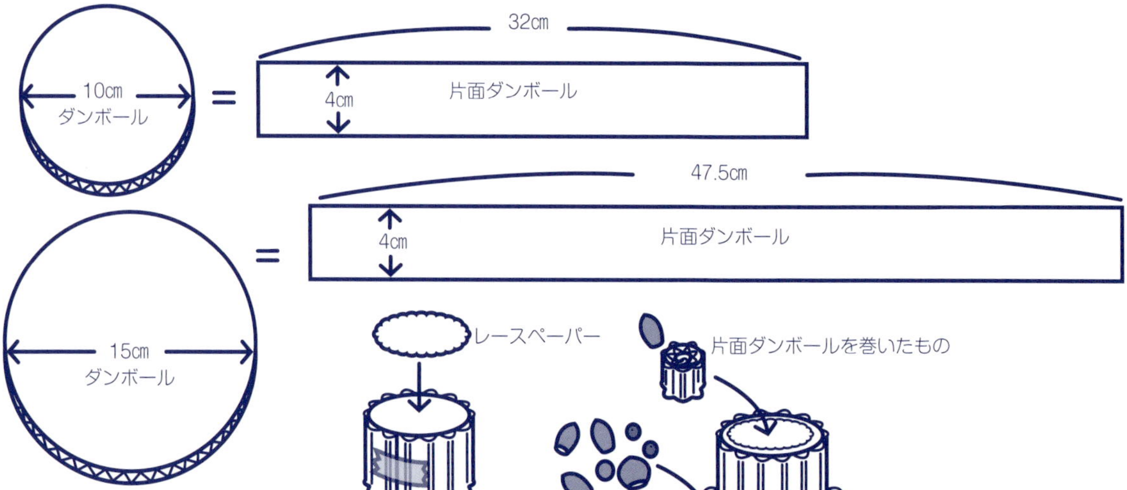

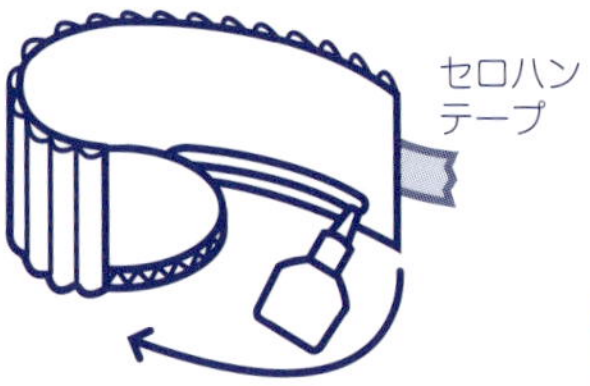

② 円形のダンボールの側面に片面ダンボールを木工用ボンドで貼り合わせる。乾くまでセロハンテープでとめる。上下をひっくり返して使う。

③ 3つの大きさの円柱、レースペーパーを貼り合わせる。

④ どんぐり・木の実・種・小枝をボンドでつけて飾る。

ケーキの段を増やして、子どもたちの共同制作にすると、楽しくなります。

ピーナッツオーナメント

用意するもの★落花生　小枝　色画用紙　綿　モール　ひも　ピン

ブーツ

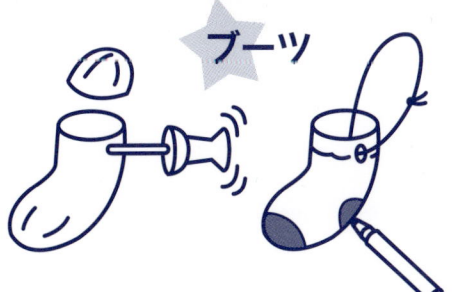

① 落花生の先を切り落として、ピンで穴を開ける。

② 穴にひもを通す。模様をかく。

サンタ

画用紙
円すいの帽子に
モール

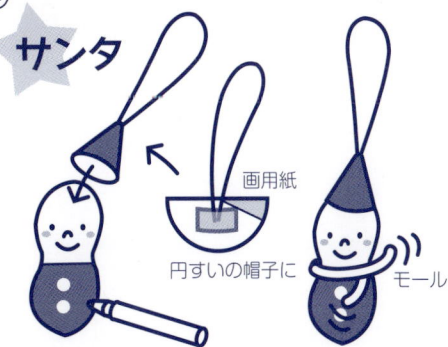

① 半円にひもをセロハンテープでとめて、円すいの帽子にする。顔・模様をかき、帽子を貼る。

② モールを巻き、ねじってとめる。

ヒツジ

綿
切り込み
ひも
綿
モール
小枝

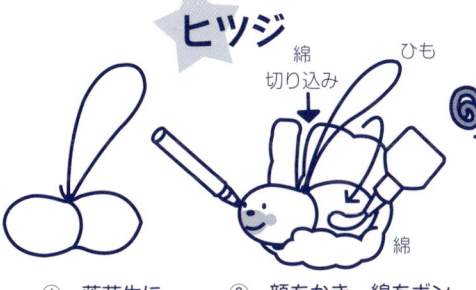

① 落花生にひもを結ぶ。

② 顔をかき、綿をボンドで貼る。綿に切り込みを入れて、ひもを外に引き出す。

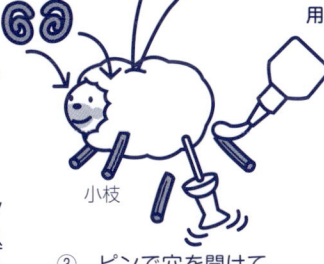

③ ピンで穴を開けて、小枝を差し込む。角のモールを貼る。

どんぐりオーナメント

用意するもの★どんぐり　細いリボン（長さ15㎝）

1色ずつ
乾いてから次の
色を塗りましょう。
仕上がりがきれい
になります。

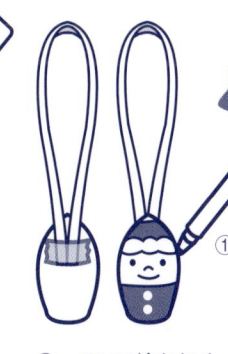

① ボンドでリボンを貼り、上からセロハンテープでとめる。

② ペンで絵をかく。

小枝の壁かけ

用意するもの★小枝　園芸ワイヤー　ペンチ
【飾り】オーナメント　まつぼっくり　枝の輪切り

ペンチ

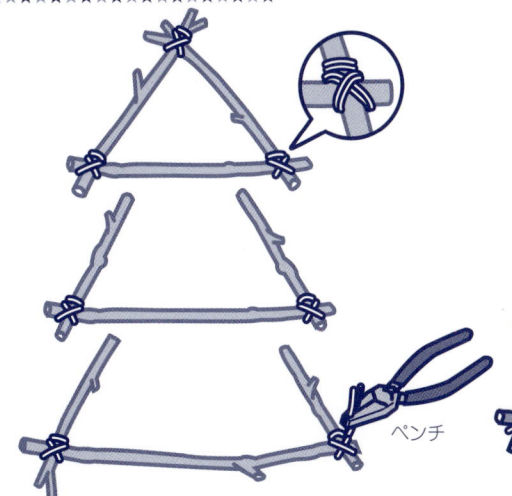

① 小枝を3本ずつ、ワイヤーを巻き、ねじって固定する。

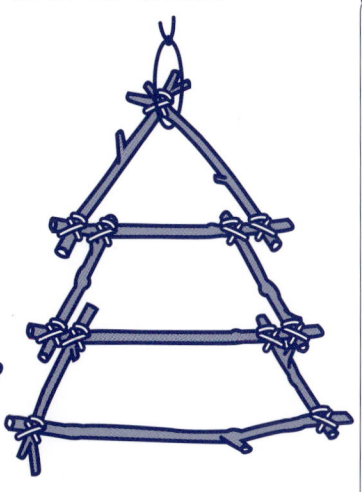

② 横の小枝を下にして、ワイヤーで固定する。

オーナメントのつけ方

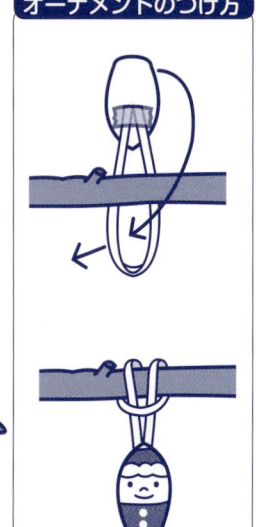

子どもがつくる かわいいクリスマス1

くるりんリース

ぱたぱたサンタハット

ぱたぱたツリーハット

(裏)

ぱくぱくツリー

赤と緑の色画用紙を
重ねて折り、重ね切りします。

ほわほわ雪ダルマちゃん

かわいい〜♡

子どもがつくる かわいいクリスマス1 つくり方

くるりんリース

用意するもの★色画用紙（八つ切りサイズ）　シール

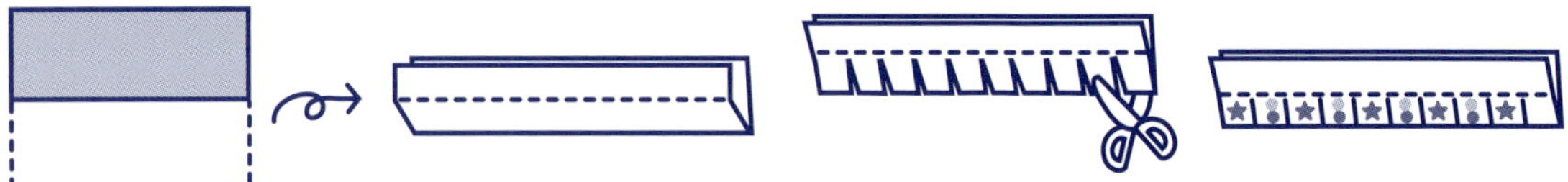

① 色画用紙を半分に切る。

② 半分に折り、さらにもう1回半分に折って、折り目をつけて戻す。

③ 折り目まで切り込みを入れる。

④ 折り目より下に切り紙やシールを貼ったり、クレヨンで模様をかく。

⑤ 模様があるほうを内側に輪にして、ホチキスでとめる。

⑥ 折り目から外側に広げ、切り込みの輪を開いて形を整える。

⑦ 色画用紙でリボンをつくり、貼る。

ぱたぱたサンタハット

用意するもの★色画用紙（八つ切りサイズ）

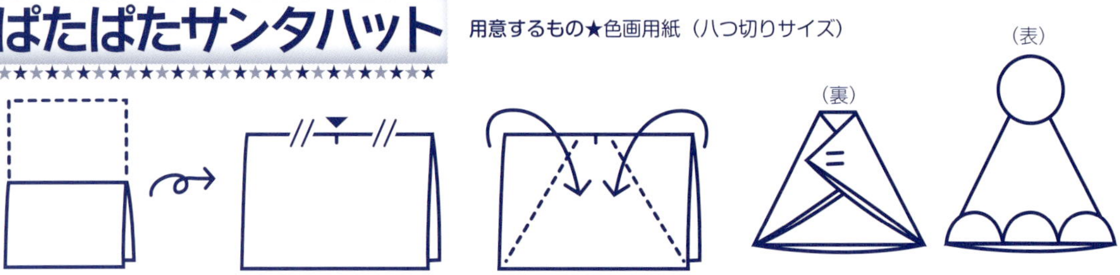

① 色画用紙を半分に折る。

② 真ん中に目印の折り目を小さくつける。

③ 左右を折る。

④ 折り重なった部分をホチキスでとめる。

⑤ 画用紙を切って貼る。

ぱたぱたツリーハット

用意するもの★色画用紙（八つ切りサイズ）

① ぱたぱたサンタハットと同様に折る。

② 色画用紙で星をつくり、貼る。

③ 切り紙やシールを貼ったり、クレヨンで模様をかく。

4つ切りサイズの色画用紙でつくると大人もかぶれます♪

ぱくぱくツリー

用意するもの★色画用紙

2枚の画用紙のツリーが重なったまま、立ちます。

① 緑や他の色の色画用紙を2枚重ねて半分に折る。

② 折り目側から形が始まるように、ツリーの半分の形、切り込みの形をかく。

③ 紙を重ねて折ったまま、かいた線を切る。

④ 開いて、重ねた2枚一緒に切り込みを手前に広げ、上部に星を貼る。

ほわほわ雪ダルマちゃん

用意するもの★紙コップ　色画用紙　シール　綿（ほぐれにくいシート状のもの）　モールなど

ぱたぱたサンタハットのミニミニサイズ

モール

① 綿をふんわりとロールケーキのように巻く。

② 紙コップの内側上部にボンドをつけ、綿を丸めて入れ込み、形を整える。

③ 色画用紙、モール、シールなどを使って、顔や帽子などをつくり、ボンドでつける。

かわい〜い！

子どもがつくる かわいいクリスマス 2

キャップオーナメント

プチプチ雪ダルマ

窓に飾ると
ステンドグラス
になります♪

プチプチすけすけツリー

プチプチスター

ペットボトル
にかぶせると
立ちます♪

紙コップツリー

紙コップをツリーに見立てて、シールを貼りましょう。

☆ゲームいろいろ……
例）キャンディの色を当てたらプレゼント♪

スポンジ雪ダルマ

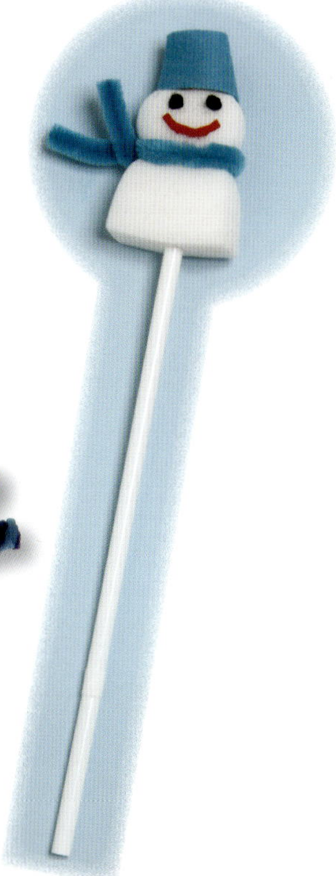

子どもがつくる かわいいクリスマス2 つくり方

★プチプチ雪ダルマ
用意するもの★エアパッキング　色画用紙　ひも

① 画用紙を雪ダルマの形に切る。

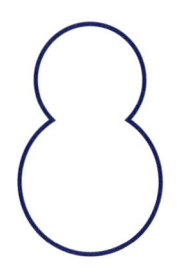

② クレヨンで顔などをかく。または色紙を切って貼る。

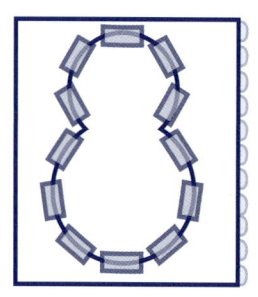

③ 雪ダルマを裏返して、エアパッキングの平らな面に置き、セロハンテープで貼る。

④ 雪ダルマよりひと回り大きくエアパッキングを切る。

⑤ 色画用紙で帽子などをつくり、両面テープで貼る。ひもを裏に貼りつける。

★プチプチスター
用意するもの★エアパッキング　色画用紙　ひも

① 色画用紙を星の形に切る。

② クレヨンで顔をかく。

③ プチプチ雪ダルマのつくり方と同様。

④ 細く切った色画用紙を3本重ねてホチキスでとめて丸め、星の裏に貼りつける。ひもをつける。

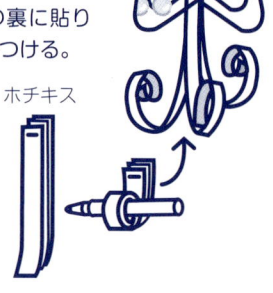

ホチキス

★プチプチすけすけツリー
用意するもの★エアパッキング　色画用紙

ホチキスでとめておく

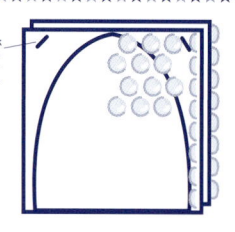

① エアパッキング2枚を平らな面を合わせて重ね、ツリー形に切る。

② プチプチ面を合わせて重ね、ツリーの底を残して周りをホチキスでとめる。

③ 油性ペンで自由に模様をかく。

④ てっぺんに星をつける。

キャップオーナメント

用意するもの★プリンカップなどの透明なフタ　ひも　シール　色画用紙

① ひもを裏側上部にセロハンテープで貼る。
② 装飾は切った色画用紙や、シールを貼る。

紙コップツリー

用意するもの★紙コップ　シール

積み重ねて大きなツリーに♪

重ねるとコンパクトに!!

紙コップをツリーに見立ててシールで飾りつけをする。

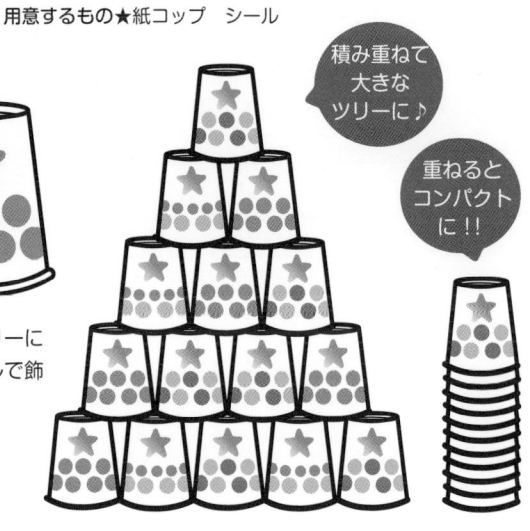

スポンジ雪ダルマ

用意するもの★メラミンスポンジ　輪ゴム　モール　フェルト

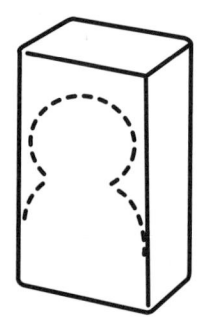

① メラミンスポンジをつくりたい大きさに切る。高さは長めに。
② 真ん中を輪ゴムでくくる。
③ てっぺんを輪ゴムでくくる。
④ フェルトやモールでつくった顔やマフラーをボンドでつける。

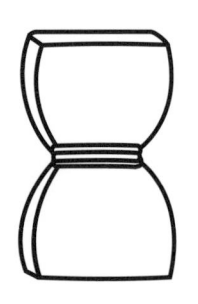

オーナメントに♪

ストローに刺して飾る♪

いろいろ使えるね♡

紙コップでつくる
ゆかいなクリスマスパペット

お楽しみ会のパペットシアターにぴったり！

パクパクパペット

紙コップの底を折ったところを持って、口を動かします。

クマ

ウサギサンタ

雪ダルマ

クリスマス楽しみ〜〜♪

フェイス・パペット

カラー軍手をつけて、パペットの顔をのせます。
指で、動きをつけましょう。

トナカイ

天使 軍手に羽をつけます。

サンタ 軍手にポンポン飾りをつけます。

天使は紙コップを回すと、顔が変わります。

眠りの天使

爆笑天使

後ろ姿

パクパク赤鼻のトナカイ

♪〜♪♪

紙コップでつくる ゆかいなクリスマスパペット つくり方

パクパクパペット

用意するもの★紙コップ　布　フェルト　毛糸

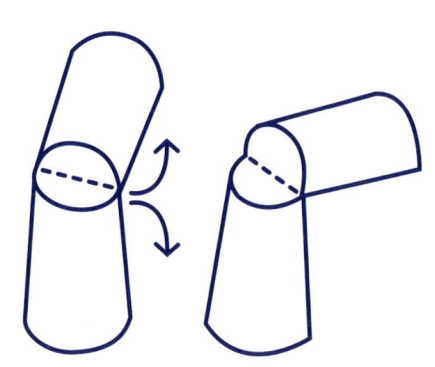

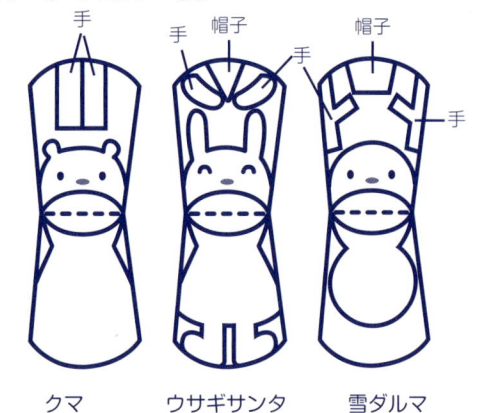

① 紙コップに2か所切り込みを入れる。

② 紙コップの底を折って、開く。

③ 紙コップに人形の形をかき、切り抜く。

クマ　　ウサギサンタ　　雪ダルマ

④ 布などを木工用ボンドで貼る。顔・手・帽子などのパーツをつける。

クマ — フェルト、布

ウサギサンタ — フェルト、毛糸、手、フェルトを貼る

雪ダルマ — 布、手、フェルト

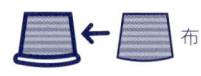

★★★ フェイスパペット ★★★

用意するもの★紙コップ 色画用紙 片面ダンボール フェルト 毛糸 軍手 毛糸用とじ針 ※ポンポンのつくり方はp18

★ トナカイ

① 紙コップに穴をあけ、毛糸のポンポンのひもを通して裏でしばる。

② 顔をかき、耳・角・目などの紙のパーツをつける。

ポンポン

★ サンタ　同じ大きさのコップを2つ使います。

① 紙コップを切り、フェルトを貼る。

② 底に穴をあけ、毛糸のポンポンのひもを通して、裏で結ぶ。

③ 顔をかき、毛糸のまゆげ・ひげをつける。

④ 軍手に白いポンポンをつける。

毛糸をつける
フェルト
(裏)
毛糸

★ 天使　同じ大きさの紙コップを2つ使います。

① 図の部分を切り取り、切り込みを入れて、髪をつくる。

② 天使の輪を切り抜き、後ろにつける。

③ 紙コップに顔を3か所かく。

3等分して3つの顔に

④ 軍手にフェルトの羽を縫いつける。

紙
巻く
フェルト

★★★ パクパク赤鼻のトナカイ ★★★

用意するもの★紙コップ 厚紙 毛糸 モール 軍手
(型紙はp62)

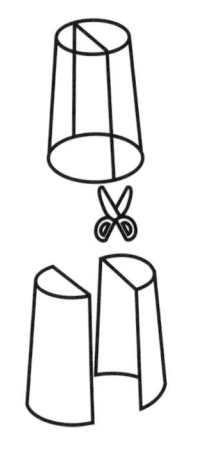

① 紙コップを縦半分に切る。

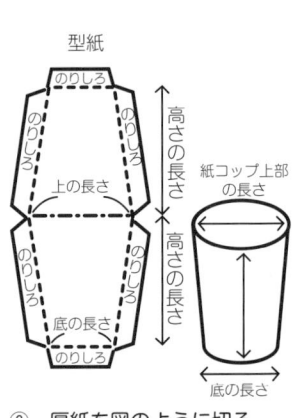

② 厚紙を図のように切る。

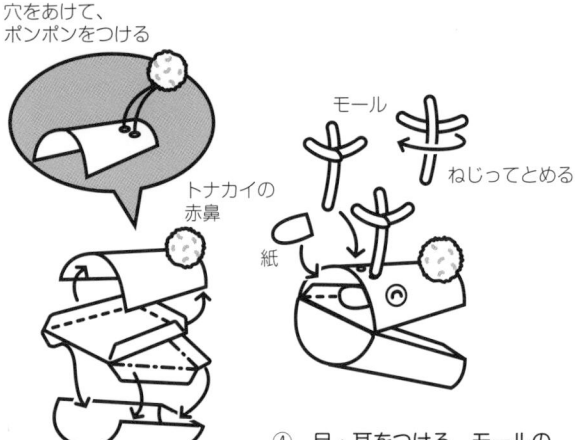

型紙
のりしろ
上の長さ
高さの長さ
底の長さ
紙コップ上部の長さ

③ 厚紙と紙コップを貼り合わせる。

穴をあけて、ポンポンをつける
トナカイの赤鼻

④ 目・耳をつける。モールの角は、穴に通し、ねじってとめる。

モール
ねじってとめる
紙

モールでつくる ふんわりクリスマス

ちいさくて、かわいい簡単な飾りです。

星

雪

ろうそく

ステッキ

ミニリース

モールは一度曲げると、跡が残るので、そっと曲げて形をつくりましょう。巻く部分をきつくとめると、形がしっかりします。

サンタクロース

ミニツリー

ちょこんと飾る
かわいい
手のひらサイズ

ツリーを飾りましょう。

モールでつくる ふんわりクリスマス　つくり方

モールはいろいろな太さ・種類があります。工作見本には、3mm、6mmの太さのものやひょうたん型のモールも使っています。

星

用意するもの★モール2本　ひも

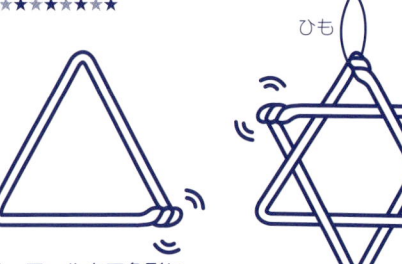

① モールを三角形にして、ねじってとめる。

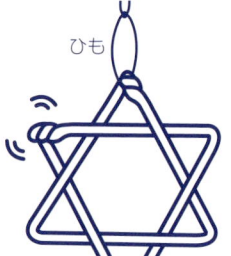

② 2本目のモールを交互にくぐらせ、三角形にして、ねじってとめる。

③ ひもを通して結ぶ。

雪

用意するもの★モール（半分の長さ3本）　ひも

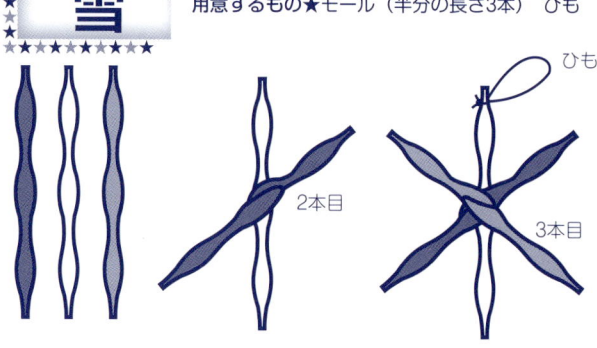

2本目　3本目

モールをねじって、つけていく。ひもを結ぶ。

ミニリース

用意するもの★モール（赤2本・緑2本）まつぼっくり

緑のモール　ねじってリボンの形にする　ねじってとめる

① 赤と緑のモールをねじり合わす。

赤のモール

② 輪にして、ねじってとめる。

③ まつぼっくりにモールを結びつけ、輪にねじってつける。

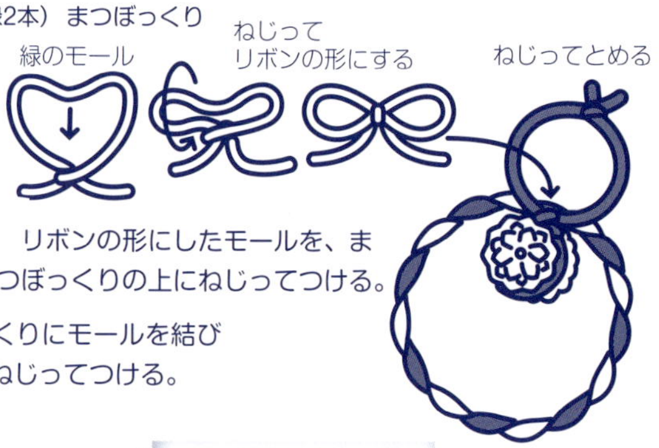

④ リボンの形にしたモールを、まつぼっくりの上にねじってつける。

ろうそく

用意するもの★モール（赤1本・白3本）　ひも

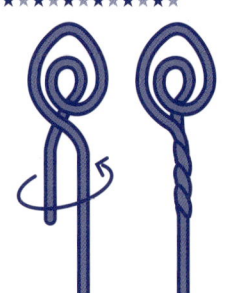

白いモールを巻く部分

ひも

① 赤いモールを図のようにして、最後をねじり合わす。

② ろうそくの軸になる部分に白いモールを1本ずつ巻いていく。3本巻くと太くなる。ひもを通して結ぶ。

ステッキ

用意するもの★モール（赤1本・白1本）　リボン　ひも

① 赤と白のモールをねじり合わせて曲げる。

ひも

② リボン結びする。ひもを輪にして結ぶ。

サンタクロース

用意するもの★モール6mm（赤5本・クリーム1本・白1本）　紙　毛糸　ひも

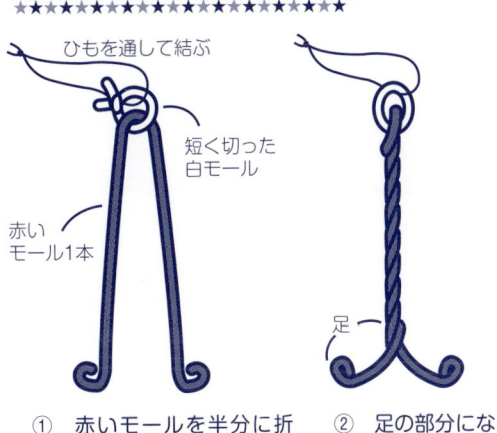

① 赤いモールを半分に折り、端を丸める。短い白のモールを曲げたところにひっかけてねじる。

② 足の部分になる以外をねじり合わせる。

③ 腕になる部分の赤いモールをねじってとめる。

④ 胴になる部分に赤いモールを2、3本巻く。

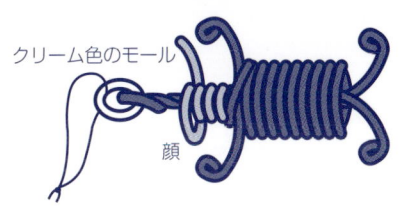

⑤ 顔になる部分にクリーム色のモールを1本巻く。

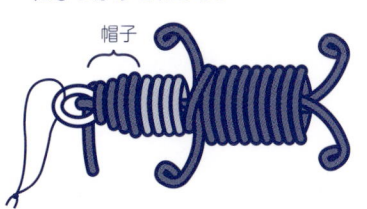

⑥ 帽子になる部分に半分の長さの赤いモールを巻く。

⑦ 白いモールを帽子・胴の下に巻き、ねじってとめる。目鼻口の紙と、ヒゲの毛糸をボンドで貼る。

ミニツリー

用意するもの★モール（緑7本・赤2本・黄色1/4本・金1本）　ペットボトルのキャップ　折り紙

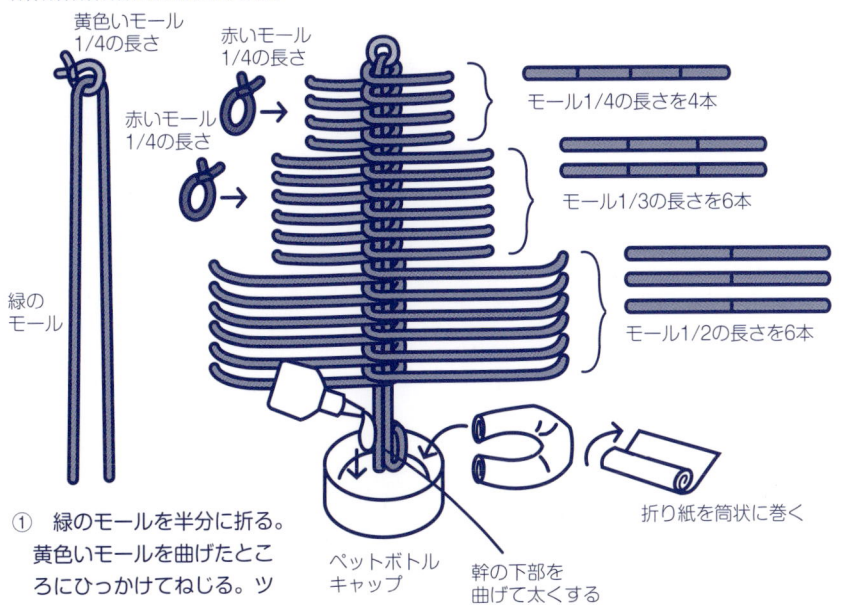

① 緑のモールを半分に折る。黄色いモールを曲げたところにひっかけてねじる。ツリーの幹にする。

② 緑のモールを1/4の長さに切ったものを4本、1/3の長さに切ったものを6本、1/2の長さに切ったものを6本用意する。

③ ツリーの幹のモールにねじってつける。輪にした赤いモールや金のモールをつけて飾る。

④ 折り紙を筒状に巻く。

⑤ ツリーの幹に木工用ボンドをつけて、ペットボトルのキャップに差し込み、筒状の折り紙を埋め込んで、固定する。

紙と紙皿でつくる
クリスマスデコレーション

紙皿を使って、クリスマスを素敵に演出します。

ステンドグラス

星

ツリー

窓のそばに吊るして、飾りましょう。

ろうそく

切り紙壁飾り

オーナメントにもなります。

切り紙飾り

折り紙を8つ折りにして、切って広げると、きれいな模様ができます。

雪の結晶

十字架

クリスマスリース

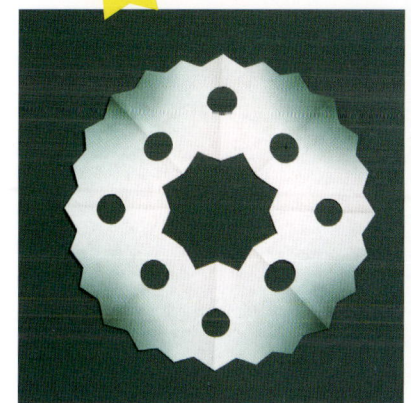

花

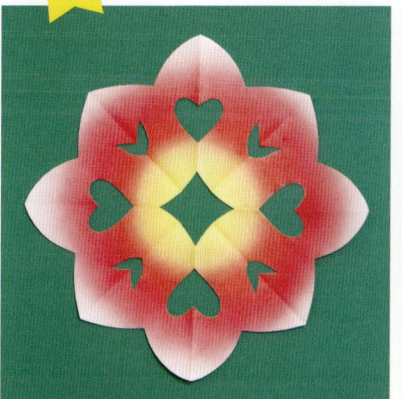

雪ダルマ

サンタの森

じゃばら折りの切り紙

つなげると立体的になります。

ひもをつけたらオーナメントに。ツリーに飾ると、ロマンチックな演出に。

紙と紙皿でつくる クリスマスデコレーション つくり方

ステンドグラス

用意するもの★紙皿　セロハン　色画用紙　リボン　レーステープ　星型パンチ　ひも

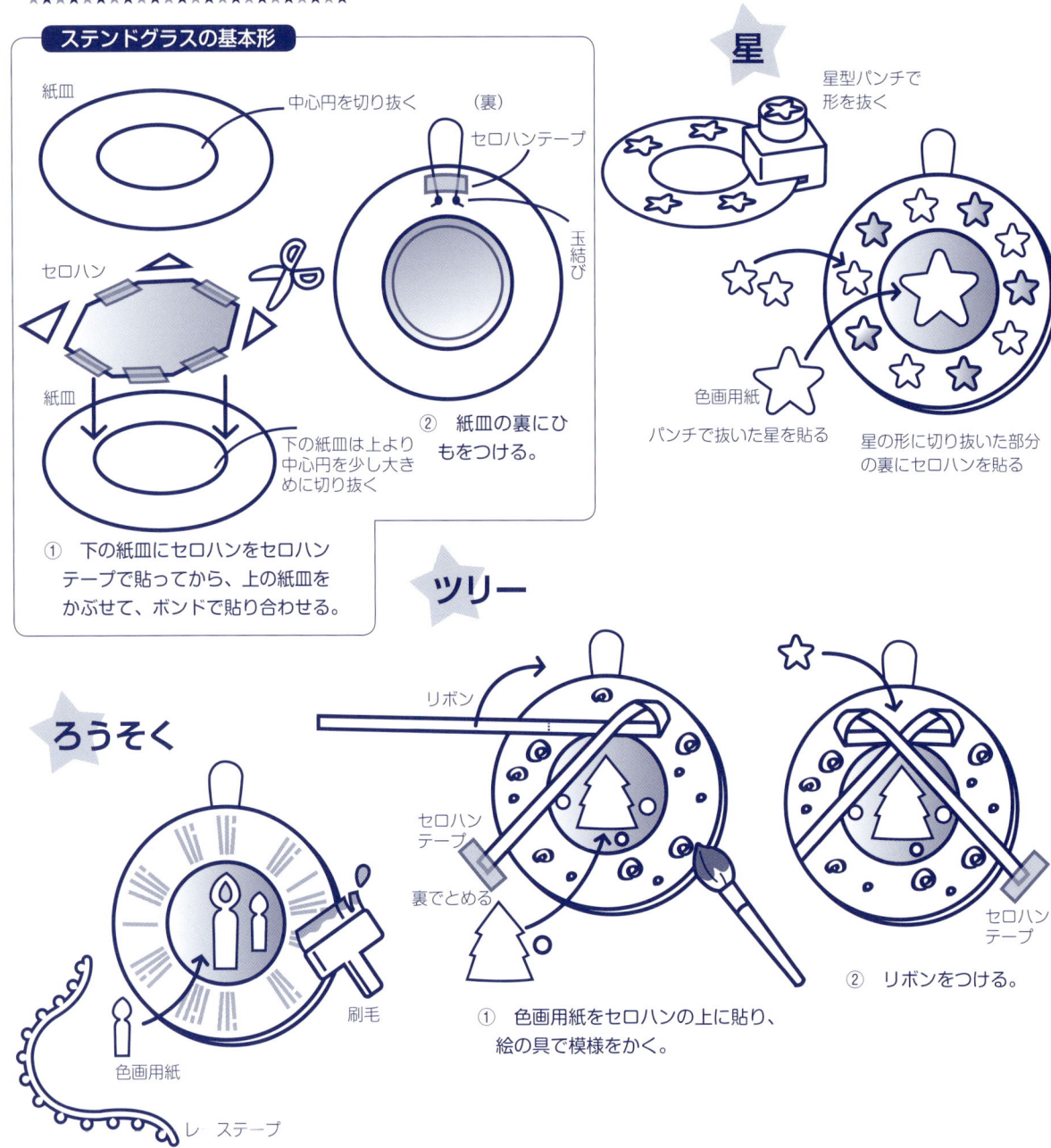

ステンドグラスの基本形

紙皿　中心円を切り抜く　（裏）セロハンテープ　玉結び

セロハン　紙皿　下の紙皿は上より中心円を少し大きめに切り抜く

① 下の紙皿にセロハンをセロハンテープで貼ってから、上の紙皿をかぶせて、ボンドで貼り合わせる。

② 紙皿の裏にひもをつける。

星

星型パンチで形を抜く

色画用紙　パンチで抜いた星を貼る

星の形に切り抜いた部分の裏にセロハンを貼る

ろうそく

色画用紙　刷毛　レーステープ

刷毛で色を塗り、色画用紙を貼る。レース飾りをボンドで貼る。

ツリー

リボン　セロハンテープ　裏でとめる　セロハンテープ

① 色画用紙をセロハンの上に貼り、絵の具で模様をかく。

② リボンをつける。

切り紙飾り

用意するもの★折り紙　ひも　ピン（型紙はp62・63）

折り紙を折って切り、開くと、おもしろい模様ができます。折り紙のほかに包装紙も薄いので、切り紙に向いています。工作見本では8つ折りとじゃばら折りの切り紙をご紹介しています。

8つ折りの切り紙

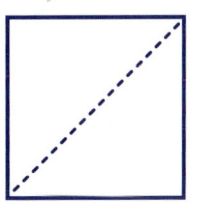

① 対角線で二角に折る。

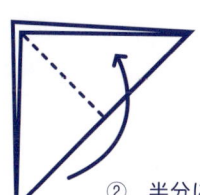

② 半分に折っていく。きっちり折り目をつけて合わせる。

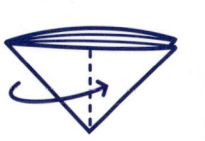

③ 8つ折りのできあがり。

テープで固定すると切りやすい

折り目側

p63の型紙

広げる

④ 折り目に切り込みを入れたり、周りを切ったりする。

じゃばら折りの切り紙

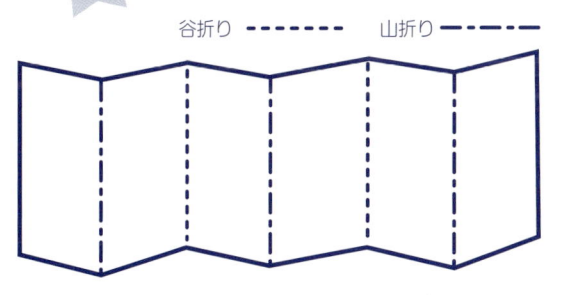

谷折り ------　山折り ─・─・─

① 山折り、谷折りを繰り返して折っていく。

② 折り目を合わせる。

テープで固定

③ 切る。

折り目側

ピン

消しゴム

応用テクニック●模様・顔などを入れたい時は、ピンを刺して穴を開ける。下に消しゴムなどを敷いておく。

④ 広げた状態。端と端をセロハンテープでつなげると、輪の形になって楽しい。

切り紙壁飾り

切り紙でデコレーションしましょう。
用意するもの★折り紙　紙皿　リボン

① 折り紙を8つ折りして、切り紙をつくる。

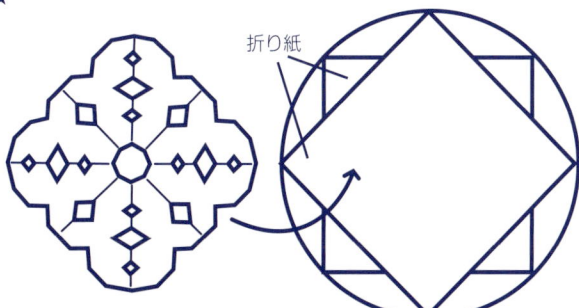

② 紙皿に折り紙を2枚貼った上に貼る。

折り紙

紙皿

セロハンテープ

（裏）

③ 紙皿の裏にリボンをつける。

あかりをつくる クリスマスナイト

レインボーライト

7色に変化する
LEDライトを
中に入れました。

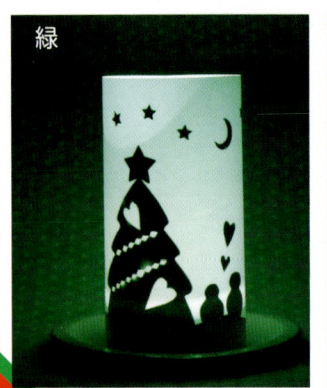

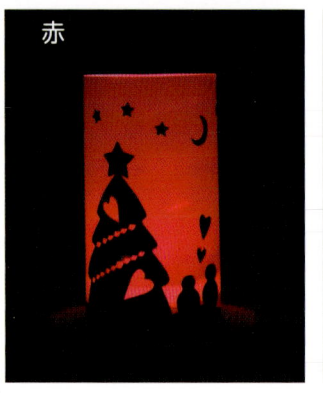

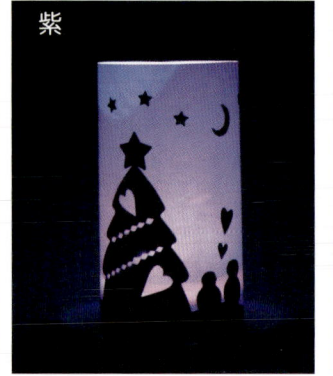

青

緑　赤　紫　ピンク

色が変わってキレイだわ〜♡

エンジェルライト

優しく点灯する
LEDキャンドルライトを
中に入れました。

ちっちゃな光のたからもの

光に当たっている間に光を蓄えて、
暗くなった時に発光する
不思議な粘土でつくりました。

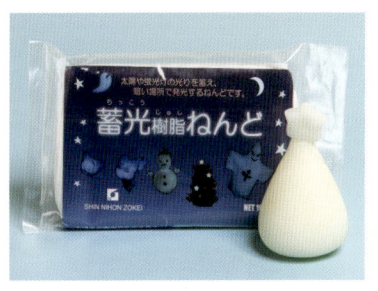

あかりをつくる クリスマスナイト

つくり方

★レインボーライト★

用意するもの★LEDライト3灯丸型　画用紙（白）　折り紙（黒）　トレーや紙皿

画用紙　縦20～30cm　横38～42cm

① 影模様にしたい形を折り紙（黒）の裏面にかいて、切り抜く。

☆完成後は裏面にかいたとおりの絵の向きになる。

② 切った折り紙は、黒い面を表にして白い画用紙の上に並べてみる。

☆この時点では模様・文字は左右反対に見えている。

③ 配置が決まったら、のりをつけて貼る。（裏にのりをつける）

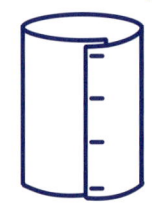

④ 折り紙を貼った面を内側にして丸め、ホチキスでとめる。

⑤ トレーや紙皿の中心にLEDライトを置き、④をかぶせる。

⑥ 周りを暗くして点灯する。

LEDライトについて

用途に合わせたさまざまなLEDライトがあります。発熱が少なく、作品を傷めたり、火事、火傷の心配がないので、安心して子どもの工作にも使えます。見本工作で使用した2点をご紹介します。

子どもたちに大人気！！

●レインボーライトに使用●
LEDライト（赤緑青）3灯丸型

光の3原色（赤緑青）を基本にゆっくりと光が7色に変化する。

高さ3cm　直径7.5cm

●エンジェルライトに使用●
LEDキャンドルライト

本物のローソクのようにユラユラゆらめく優しい灯り。

直径3.6cm

エンジェルライト

用意するもの★LEDキャンドルライト
画用紙（白）（型紙はp58・59）

① 型紙を使って、画用紙をエンジェル形に切る。

☆見本の工作はカッターで模様を切り抜いていますが、油性ペンやクレヨンでかいても楽しいです。

② 2枚をのりしろで貼り合わせ、広げる。真ん中にLEDキャンドルを置く。

③ 周りを暗くして点灯する。

ちっちゃな光のたからもの

用意するもの★蓄光樹脂粘土　クッキングペーパー　ようじ

顔をかく
ようじ
クッキングペーパー

くっつきやすいので、クッキングペーパーの上で作業して乾燥させる。

見本工作は1個あたり粘土20〜50gを使用している。

蓄光樹脂粘土について

太陽光や室内灯の光を蓄え、暗闇で発光する粘土です。軟らかく、また乾燥スピードが速いので、背の高い形や複雑な形は避け、シンプルな作品にしましょう。乾燥後は硬く丈夫になります。

これも子どもたちに大人気！！

100g 縦7cm横10cm厚み1cm
（卵1個分くらいの大きさ）

クリスマスを飾るアイデア

できあがったクラフトを部屋に飾ると、クリスマス気分いっぱいです。

ドアに飾ると華やかに

12月になると、そろそろクリスマスの準備です。リースをドアに飾っておめかししましょう。

パーティでテーブルを盛り上げましょう！

手づくりクラフトでパーティを演出しましょう。

花を飾ろう
プリンカップに水を入れて、紙コップにはめ込む。

スポンジ雪ダルマをスプーンにつける。

ジンジャークッキー

紙コップのスノーマンをデコレーションプレートにつけました。

プリンカップに練乳を入れて、紙コップにはめ込む。

デコレーションプレートの上の段にいちご＆練乳、下の段にサンドイッチを盛りました。

赤りんごはお菓子入れに

料理をきれいに見せる

切り紙を皿にのせて、パン・クッキー・ケーキを
並べます。切り紙は紙ナプキンや
クッキングシートでつくってみましょう。

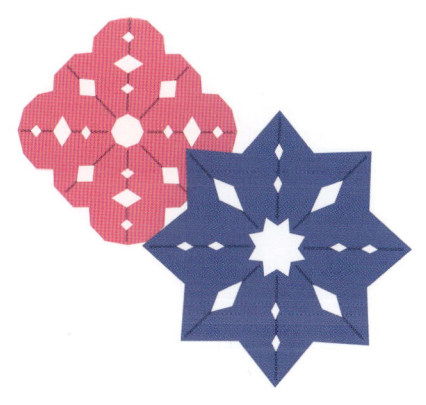

部屋をデコレーションする

窓周りやコーナー、壁に
飾りつけをしていきます。
窓に貼ったり、上から吊るしたり
すると、変化が出ます。

型紙　エンジェルライト1 (p55) 実物大
エンジェルライト1とエンジェルライト2を貼り合わせます。

エンジェルライト2 （p55）実物大

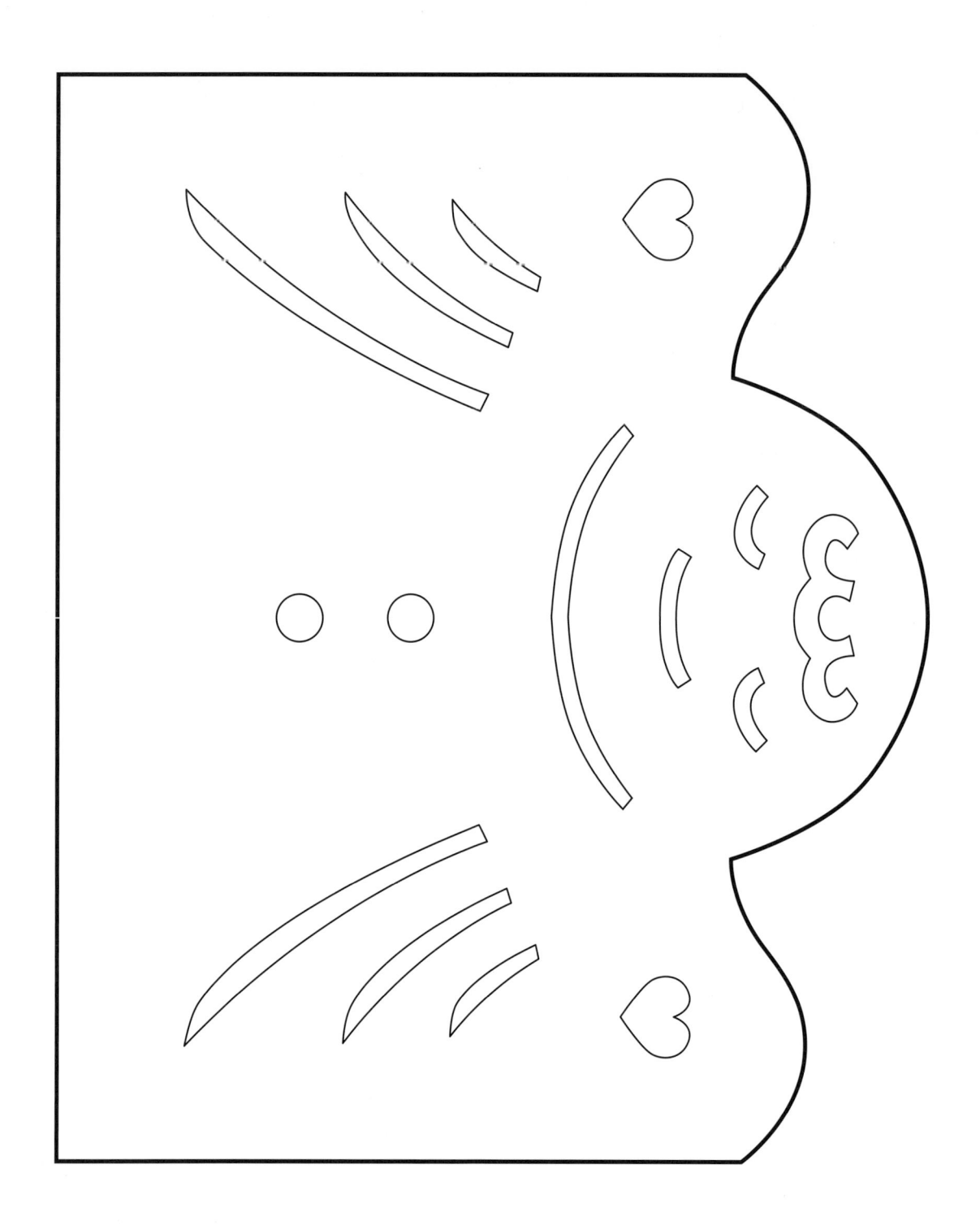

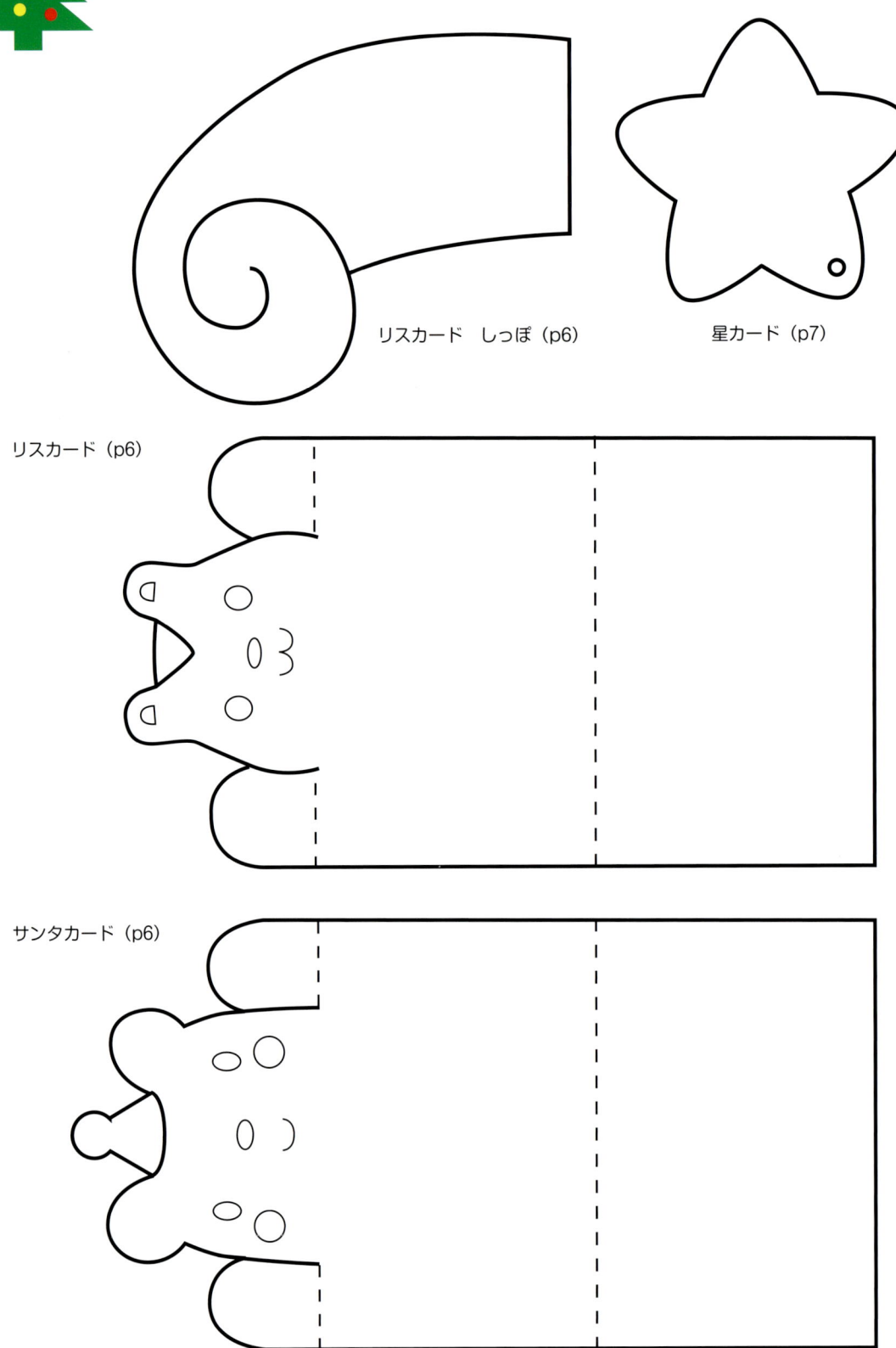

型紙 つくりたい大きさに拡大コピーまたは縮小コピーして、使いましょう。

リスカード しっぽ (p6)

星カード (p7)

リスカード (p6)

サンタカード (p6)

星カード（p7） リボン（p7）

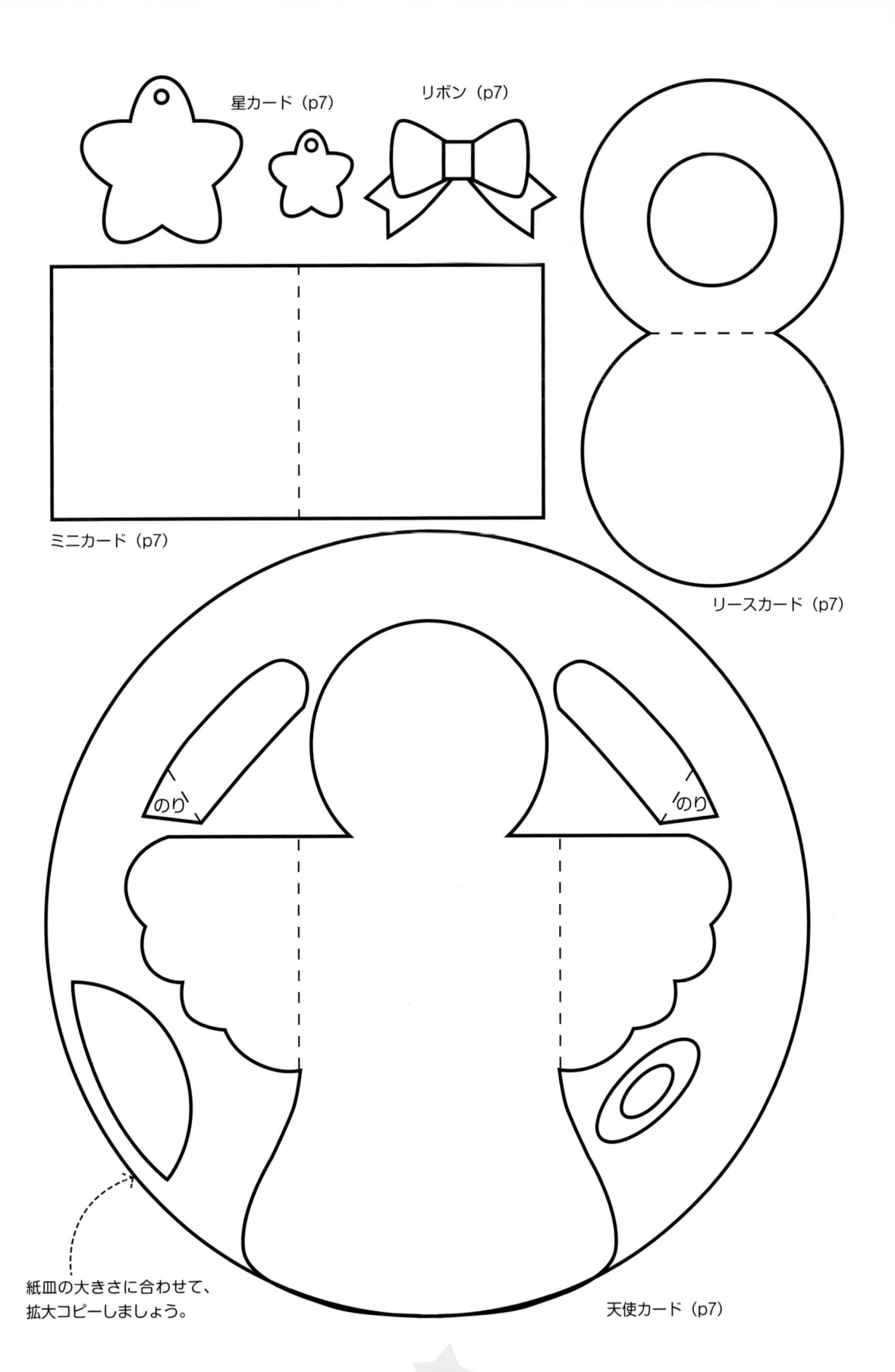

ミニカード（p7）

リースカード（p7）

のり　のり

紙皿の大きさに合わせて、拡大コピーしましょう。

天使カード（p7）

型紙 パクパク赤鼻のトナカイ（p43）205ml容量の紙コップ用型紙です。

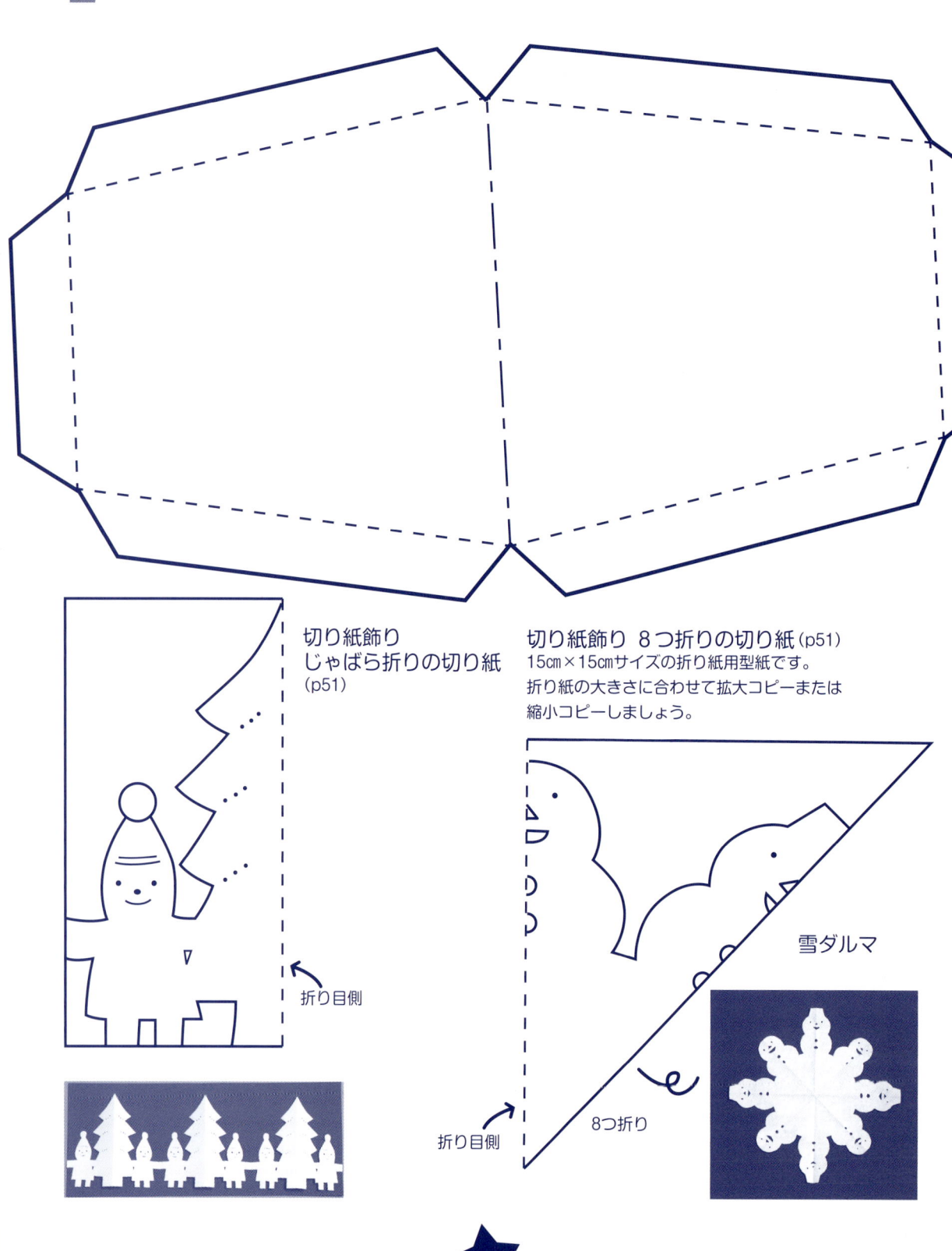

切り紙飾り
じゃばら折りの切り紙
（p51）

切り紙飾り 8つ折りの切り紙（p51）
15㎝×15㎝サイズの折り紙用型紙です。
折り紙の大きさに合わせて拡大コピーまたは
縮小コピーしましょう。

折り目側

折り目側　8つ折り

雪ダルマ

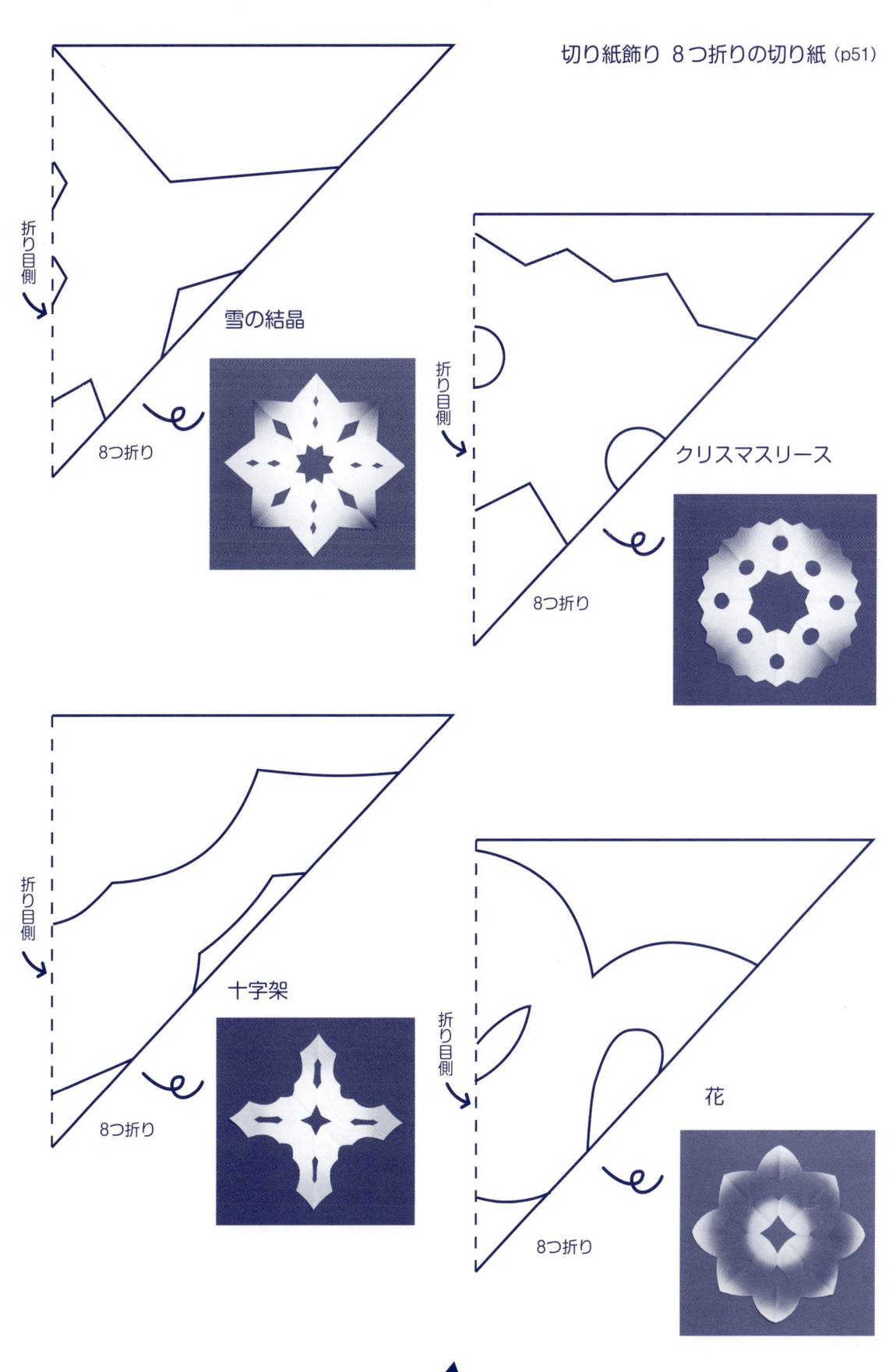

切り紙飾り 8つ折りの切り紙 (p51)

折り目側
8つ折り
雪の結晶

折り目側
8つ折り
クリスマスリース

折り目側
8つ折り
十字架

折り目側
8つ折り
花

●プロフィール●
子どものわくわくキラリ！とする笑顔が見たくて、造形アイデアを考える工作ユニット

岩藤しおい（いわふじ　しおい）

大井康子（おおい　やすこ）

立体イラストレーター、子どもの自然のクラフトアイデア作家、工作講師。野菜や自然素材でつくる不思議なイラストで児童書、コマーシャルフォト、カレンダーなどを手がける。著書は「森の工作図鑑vol.1どんぐり・まつぼっくり」「森の工作図鑑vol.2落ち葉」「おし花の工作図鑑」「葉っぱの工作図鑑」「秋のほっこり工作どんぐり・木の実・おち葉」（いかだ社）など。

わくわくアートプランナー。幼児・児童とシニアの造形指導、児童書の造形アイデア提供、美術館ワークショップなどを手がける。広島YMCAパッケージスクール（小1〜小6）アート講師、広島市妙法寺学園たちばな幼稚園造形あそび講師　他。

編集●内田直子　　イラスト●山崎のり子
撮影●福田文男／大井康子（P9、P21、P33、P37子ども写真）
デザイン●渡辺美知子デザイン室　撮影協力●広島YMCAパッケージスクール
【参考文献】「クリスマスの文化史」若林ひとみ（白水社）
「サンタクロース公式ブック〜クリスマスの正しい過ごし方」パラダイス山元（小学館）
【工作材料●問い合わせ先】
〈LEDライト〉株式会社パジコ PADICO CO.LTD
http://www.padico-school.jp/education/details/led.html
〈蓄光樹脂粘土〉販売：新日本造形株式会社
http://www.snz-k.com/index.html

わくわくクリスマス
アイデアいっぱい！　ハッピークラフト
2012年11月11日　第1刷発行

著者●岩藤しおい　大井康子©
発行人●新沼光太郎
発行所●株式会社いかだ社

〒102-0072　東京都千代田区飯田橋2-4-10　加島ビル
Tel.03-3234-5365　Fax.03-3234-5308
振替・00130-2-572993
印刷・製本　株式会社ミツワ

乱丁・落丁の場合はお取り換えいたします。

ISBN978-4-87051-353-2
本書の内容を権利者の承諾なく、営利目的で転載・複写・複製することを禁じます。